Anteil der Landwirtschaft am BIP 1995 in %	Anteil der Industrie am BIP 1995 in %	Anteil der Dienstleistungen am BIP 1995 in %	Erwerbstätige in der Landwirtschaft 1996 in %	Erwerbstätige in der Industrie 1996 in %	Erwerbstätige in den Dienstleistungen 1996 in %	Arbeitslosenquote 1996 in %	Lebenserwartung bei Geburt 1995 in Jahren	Analphabetenquo in %	Human Develop Index[1] 1993	Nationalvermö pro Kopf[2] 199 in 1000 Dollar
2	29	69	3c	28c	69c	12,9	77	< 5	0,929	384
4c	27c	69c	5b	26b	69b	8,8	76	< 5	0,924	463
2	35	64	3d	37d	60d	10,4	76	< 5	0,920	399
4	31	65	8d	28d	64d	16,3	76	< 5	0,935	347
2	27	71	5c	27c	68c	12,4	77	< 5	0,935	413
11c	25c	64c	22b	27b	51b	10,4	78	3	0,909	142
2c	26c	72c	1	23	76	7,4	77	< 5	0,924	324
8b	36b	56b	11	28	62	11,3	76	< 5	0,919	212
3	31	66	8c	32c	60c	12,1	78	2	0,914	373
1c	25c	74c	3d	27d	70d	3,3	76	< 5	0,895	658
3c	26c	71c	4b	25b	71b	6,7	78	< 5	0,938	379
2c	34c	64c	7d	32d	61d	6,2	77	< 5	0,928	394
5c	39c	56c	12	32	56	7,3	75	10	0,878	141
2	32	64	3d	26d	71d	8,0	79	< 5	0,933	496
3	34	63	9d	30d	61d	22,7	78	3	0,933	268
13	34	53	8c	45c	47c	12,5	71	2	0,773	23
8	28	64	9c	36c	55c	4,4	69	1a	0,749	55
9	31	60	19d	25d	56d	7,2	69	< 5	0,820	35
11	36	53	24d	28d	48d	6,3	70	1	0,719	24
3	35	62	2d	26d	72d	3,6d	77	9	0,886	134
6	39	54	22d	32d	46d	12,4	71	1a	0,819	50
20	33	47	37c	34c	29c	6,3	70	2	0,738	17
6	33	61	10d	37d	53d	12,8	71	–	0,864	33
5	39	57	10d	43d	47d	13,9	73	< 5a	–	111
6c	39c	55c	6d	41d	53d	3,5d	71	–	0,872	50
16	31	52	48d	21d	31d	6,5	68	18	0,711	34
8	33	59	9d	31d	60d	10,6	69	< 5	0,855	63
5c	25c	70c	11d	25d	64d	2,6d	77	6a	0,909	172
14	37	49	23b	23b	52b	4,4	67	17	0,796	47
34c	27c	39c	84b	–	–	–	47	81	0,225	4
21	48	31	61b	18b	21b	–	69	19	0,609	7
29	29	41	66b	19b	18b	10,5c	62	48	0,436	4
17	42	41	50b	15b	35b	7,2d	64	16	0,641	12
2b	36b	62b	5	34	61	3,3	80	< 5	0,938	565
7c	41c	52c	14c	33c	53c	2,0	72	< 5c	0,886	123
46	17	37	84d	–	–	–	47	69c	0,223	4
–	36	64	1d	31d	68d	1,4	75	9	0,881	305
11	40	49	57b	18b	25b	2,6	69	6	0,832	34
2c	26c	72c	3	24	73	5,4	76	< 5	0,940	421

[2] Das **Nationalvermögen pro Kopf** ist ein 1995 von der Weltbank entwickelter Index zur Messung von Wohlstand und Nachhaltigkeit. Drei Komponenten fließen in seine Berechnung ein: das *Humankapital* (Ausbildung, Qualifikation, Gesundheit), das *Sachkapital* (Maschinen und materielle Infrastruktur wie Straßen und Gebäude) und das *Naturvermögen* (Land, Wasser, Wald, Rohstoffe). Der globale Durchschnitt liegt bei 86 000 Dollar.

Quellen: Deutsche Stiftung für internationale Entwicklung, Berlin (Hrsg.): Entwicklung und Zusammenarbeit (37) 1996, S. 306–309/Geographische Rundschau 49 (1997), S. 457, Westermann, Braunschweig/Statistisches Jahrbuch 1997 für das Ausland. Hrsg. Statist. Bundesamt, Wiesbaden 1997 (Metzler/Poeschel-Verlag)/Fischer Weltalmanach 1998, Frankfurt 1997 (Fischer Taschenbuch Verlag)

TERRA

Geografie 10
Gymnasium
Schleswig-Holstein

KLETT-PERTHES
Gotha und Stuttgart

TERRA Geografie 10 Gymnasium Schleswig-Holstein

Herausgegeben und bearbeitet von:
Heinz Günter Buske, Lübeck

Prof. Dr. Gerhard Fuchs, Klaus-Peter Hackenberg, Mechthild Hinske, Dr. Dieter Kohse,
Prof. Dr. Eberhard Kroß, Dr. Wingolf Lehnemann, Helmut Obermann, Paul Palmen,
Eberhard Pyritz, Irmtraut Ronneberger, Dr. Waldemar Viehof, Werner Wallert

Mit Beiträgen von:
Prof. Dr. Jürgen Bünstorf, Hartmut Hirt, Gerhard Junghanns, Rainer Kalla, Bernhard Klotz,
Norbert Thiesbrummel

Gedruckt auf Papier aus
chlorfrei gebleichtem Zellstoff,
säurefrei

1. Auflage   A 1 5 4 3 2 1 | 2003 2002 2001 2000 99

Alle Drucke dieser Auflage können im Unterricht nebeneinander benutzt werden, sie sind untereinander unverändert.
Die letzte Zahl bezeichnet das Jahr dieses Druckes.
Dieses Werk folgt der reformierten Rechtschreibung und Zeichensetzung.
© Justus Perthes Verlag Gotha GmbH, Gotha 1999. Alle Rechte vorbehalten.
Internetadresse: http://www.klett.de/klett-perthes

Redaktion und Produktion: Klaus Feske, Achim Hutt

Einband-Design: Erwin Poell, Heidelberg
Layoutkonzept: Werner Fichtner, Stuttgart
Karten: Klett-Perthes
Zeichnungen: Rudolf Hungreder, Wolfgang Schaar
Satz: Lihs GmbH, Medienhaus, Ludwigsburg
Druck: SCHNITZER DRUCK GmbH, Korb
ISBN 3-12-297480-0

Inhalt

Europa – mehr als die Europäische Union?   4
Was ist Europa?   6
Europa – Vielfalt und Einheit   8
Der Weg zur Europäischen Union   10
Maastricht – ein Meilenstein   12
Wer regiert in der Europäischen Union?   14
Der Europäische Binnenmarkt   16
Förderung für arme Gebiete   18
Die EU und die Länder Osteuropas   20
Grenzen überwinden   22
Die EU in Europa und der Welt   24
Gewusst wie … man Diagramme mit dem Computer erstellt   26

Landwirtschaft zwischen Potenzial und Politik   28
Bauer Boge baut aus   30
Agrargenossenschaft Gleina   32
Landwirtschaft in der Europäischen Union   34
Die Agrarpolitik der EU – wie soll es weitergehen?   36
Gewusst wie … man einen Text auswertet   40

Industrie im Wandel   42
Ein Betrieb schließt   44
Autobau früher und heute   46
Strukturwandel im Ruhrgebiet   48
High-tech im Revier   50
Mehr Lebensqualität für die Emscherzone   52
Wirtschaftlicher Wandel in der Niederlausitz   54
Neuanfang in Schwarzheide   56
Standort D nach der Wende   58
TERRA Orientieren und Üben   60

Stadt und Umland   62
Wir erkunden unsere Stadt   64
Stadtteile haben Funktionen   66
Die Zeil als Ziel   68
Stadtentwicklung in Modellen   70
Metropolis oder Ökopolis?   72
Wie wird Berlin wachsen?   74
TERRA Orientieren und Üben   76

Gefährden wir die Erde?   78
Wasser, eine kostbare Ressource   80
Euromodell Rhein?   82
Immer weniger Tropischer Regenwald   84
Was geht uns der Tropische Regenwald an?   88
Unsere Wälder – noch haben wir sie   90
Landschaftshaushalt   96
TERRA Orientieren und Üben   98

Eine Welt   100
Erkundung im Dritte-Welt-Laden   102
Ungleicher Handel   104
Entwicklung durch Industrie? Beispiel Brasilien.   108
Hilfe zur Selbsthilfe. Beispiel Burkina Faso.   114
Entwicklung ruht auf vielen Schultern …   118
Großprojekte oder Kleinprojekte?   120
Wie im Norden – so auf Erden?   122
Gewusst wie … man Informationen sammelt, auswertet und darstellt   124
… und wie dabei der Computer hilft   126

Anhang
Sachverzeichnis   128
Bildnachweis   129
Kartengrundlagen   131
Quellennachweis   131
Klimatabellen   132

Schülerinnen und Schüler des 10. Schuljahres haben zum Thema Europa eine besondere Unterrichtsform gewählt. Sie arbeiten am Projekt „Europa-Zeitung". Dafür haben sie viele Themen bearbeitet. Die Ergebnisse stellen sie in Berichten, Bildern, Grafiken und Karten dar. Dies ist die erste Seite ihres „Europa-Journals".

Die Länder der Europäischen Union wachsen langsam zusammen – schon sind zwischen einigen Staaten die Grenzen vollständig offen. Wie funktioniert das vereinte Europa und welches ist das Ziel der Europäischen Union? Welche Vorteile bietet es seinen Bürgern? Bedeutet Europa die Europäische Union oder bedeutet es mehr?

Europa – mehr als die Europäische Union?

Was ist Europa?

…eine Touristin:
„Europa? Da finde ich zu jeder Jahreszeit ein warmes Fleckchen!"

…eine Politikerin:
„Die Staaten Europas müssen nach dem Fall des ‚Eisernen Vorhangs' zusammenfinden und das ‚europäische Haus' bauen, zum Wohle aller. Das Europaparlament muss zunehmend mehr Rechte erhalten, insbesondere das Recht zur Kontrolle der Kommission der EU. Daneben ist die Zusammenarbeit innerhalb der OSZE zu verstärken."

…ein Kulturwissenschaftler:
„Europa ist geprägt durch die lateinische Sprache. Mit ihr haben sich die Gedanken des Christentums ausgebreitet und die Grundlage für eine gemeinsame Kultur und Gesellschaftsform geschaffen."

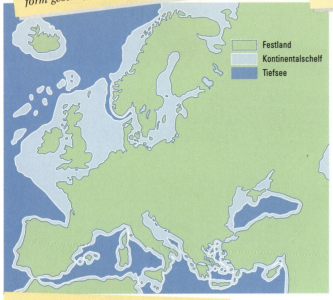

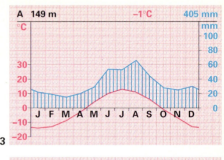

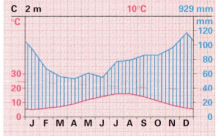

…eine Sprachforscherin:
„Der Name Europa wird von dem assyrisch-phönikischen Wort ‚ereb' (Sonnenuntergang) abgeleitet. Die antiken Seefahrer bezeichneten damit die westlichen Gestade des Ägäischen Meeres. Das Ostufer wurde mit ‚aszu' oder ‚acu' (Sonnenaufgang, hell) in Verbindung gebracht, daraus entstand ‚Asien'."

…ein Geograf:
„Europa ist der Raum, der sich ohne scharfe Grenze westlich des Ural-Gebirges anschließt. Manche bezeichnen den Kontinent auch als ‚Anhängsel' an Asien und sprechen deswegen von Eurasien. In Nord-Süd-Richtung erstreckt sich Europa vom Nordkap bis Sizilien."

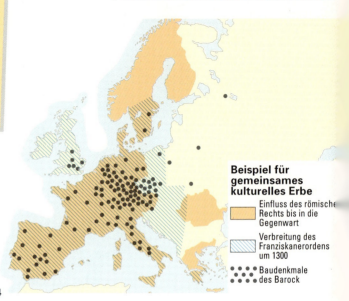

Europa – mehr als die Europäische Union?

...ein Mythologe:

„Die Sage erzählt, dass Europa, die Tochter des phönizischen Königs Agenor mit ihren Gefährtinnen am Strand des Mittelmeers sich vergnügt habe. Zeus verliebte sich in das schöne Mädchen und beschloss sie zu entführen. Er nahm die Gestalt eines weißen Stieres an, der dem Meer entstieg und sich Europa näherte. Das Mädchen streichelte das überaus schöne, zutrauliche Tier und fand sich schließlich bereit, auf dessen Rücken zu klettern. Darauf erhob sich der Stier und stürmte ins Meer, das er, mit Europa auf dem Rücken, durchquerte. Zeus entführte Europa nach Kreta, wo er sich ihr in seiner göttlichen Gestalt zu erkennen gab."

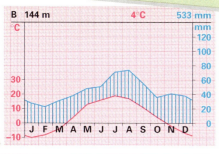

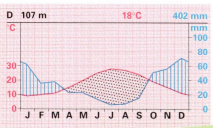

...ein Wirtschaftsmanager:

„Die Einführung des ‚Euro' wird uns der Einigung Europas ein großes Stück näher bringen."

...eine Historikerin:

„Europa verstand sich bis zur Entdeckung Amerikas als das Zentrum der Welt. Von hier aus wurden auch die großen Kolonialreiche gegründet, die zusammen einmal fast ³/₄ der Landfläche der Erde umfassten."

...ein Fußballfan:

„Die besten europäischen Mannschaften spielen um den UEFA-Cup!"

...ein Fachmann für Architekturgeschichte:

„Überall in Europa finden wir Zeugen für gleiche Baustile, ein Stein gewordener Beweis für das gemeinsame kulturhistorische Erbe der europäischen Staaten."

---

1 Ganz verschiedene Informationen sind in den Texten enthalten. Verteilt Aufgaben:
– Informiert euch über unbekannte Begriffe und unklare Aussagen.
– Sammelt weiteres Material zur Veranschaulichung oder Ergänzung der Texte.
– Benutzt Altaskarten, um euch über die Verbreitung der Sprachen und Religionen heute zu informieren.
– Berichtet in der Klasse.

2 Untersucht, welcher Raum in den Texten jeweils beschrieben wird.

3 In Nachrichtensendungen werden die Begriffe Nordeuropa, Westeuropa, Mitteleuropa, Osteuropa, Südosteuropa und Südeuropa gebraucht. Welche Staaten sind jeweils gemeint? Wo gibt es Schwierigkeiten bei der Zuordnung?

4 Euer Wohn- oder Schulort hat sicherlich Partnerstädte in Europa. Wo liegen sie? Wie sind die Partnerschaften entstanden?

5 Jeden Kontinent erkennt man an seiner Gestalt. Bei Europa ist sie besonders charakteristisch, aber auch nicht einfach zu beschreiben. Die Karte (1) soll dir helfen dich auf die **Form** des Kontinents zu konzentrieren. Lege eine Atlaskarte daneben.
a) Beschreibe die Gestalt Europas. Benutze die Begriffe Küstenverlauf, Halbinseln, Inseln und Binnenmeere.
b) Wenn man den Festlandsockel bis zu einer Meerestiefe von 200 m, den sogenannten Kontinentalschelf, mit einbezieht, dann hat der Kontinent Europa eine ganz andere Form. Beschreibe.

6 Die klimatischen Voraussetzungen, unter denen Menschen in Europa leben und wirtschaften, unterscheiden sich ganz beträchtlich. Erläutere das am Beispiel der Klimadiagramme (3)–(6). Ordne sie den Stationen Shannon (Irland), Athen, Inari (Finnland) und Moskau zu.

Europa – mehr als die Europäische Union?

Schülerinnen und Schüler einer Klasse zeigen das Wort Schule in ihrer Muttersprache

2

Europapokal
Europameisterschaft
Euroscheck
Eurovision
Europaparlament

1

Europa – Vielfalt und Einheit

„Machen wir heute eine Bilanz unseres geistigen Besitzes, so würde sich herausstellen, dass das meiste davon nicht unserem jeweiligen Vaterland, sondern dem gemeinsamen europäischen Fundus entstammt. In uns allen überwiegt der Europäer bei weitem den Deutschen, Spanier, Franzosen... Vier Fünftel unserer inneren Habe sind europäisches Gemeingut."
Ortega y Gasset, spanischer Philosoph, 1929

Grundlage des Gemeinguts der europäischen Völker sind die gemeinsamen Wurzeln ihrer Kultur. Eine Wurzel ist das Christentum als gemeinsame Religion. Die andere Wurzel, der unsere Kultur ihre Gestalt verdankt, liegt in der Antike. So kommen aus dem alten Griechenland die Ideen von Demokratie und freiem Denken und aus dem alten Rom die Grundlagen unserer Rechtsprechung und wissenschaftlichen Ordnungssysteme sowie unserer Zivilisation. Latein war viele Jahrhunderte lang nicht nur die Sprache der Kirche, sondern auch der Dichtung, der Wissenschaft, der Politik. Unabhängig von der Muttersprache konnten so Gedanken im gesamten europäischen Raum ausgetauscht werden.

Trotz gemeinsamer Wurzeln entwickelte sich aber auch eine kulturelle, religiöse und politische **Vielfalt** unter den Völkern Europas. Sie fand ihren Niederschlag in der Vielfalt der Sprachen, der Kunst, der Literatur, der Weltanschauungen, der Wissenschaft, der Brauchtümer. Doch oft wurde aus der Vielfalt auch ein Nebeneinander und Gegeneinander der Glaubensrichtungen, Völker und Nationen. Zu oft sah man im Nachbarn nur den Feind. Das haben wir vor allem in der ersten Hälfte dieses Jahrhunderts schmerzlich erfahren. Allein die beiden Weltkriege – die ja ursprünglich europäische Kriege waren – haben Millionen Tote, Verletzte und Heimatvertriebene zurückgelassen, haben Dörfer, Städte und Kulturschätze zerstört.

Heute liegen in Europa mehr als 40 Staaten eng beieinander. Doch anders als in der Vergangenheit begreifen wir diese Vielfalt nun als den eigentlichen Reichtum Europas. Suchen und bestaunen wir nicht gerade die Vielfalt an Kulturdenkmälern, Sitten und Gewohnhei-

Europa – mehr als die Europäische Union?

ten auf unseren Urlaubsreisen? Vielfalt fördert aber auch den lebendigen Gedankenaustausch. Sie war ein Grund dafür, dass in Europa eine Fülle großer Ideen, kultureller Leistungen und bahnbrechender Erfindungen entstanden, die später von anderen Völkern auf der Erde aufgegriffen wurden: die Auffassung von der Gleichheit aller Menschen, die Formulierung der allgemeinen Menschenrechte, die Verbreitung der Demokratie, die Entwicklung der modernen Wissenschaften, die Ausformung des Wirtschaftslebens, die Industrialisierung.

Warum sollten die Völker Europas nicht die Vielfalt nutzen und zugleich auf ihren gemeinsamen Wurzeln weiterbauen, um die **Einheit** zu stärken?

1 In der Tabelle (1) stehen fünf Begriffe zu Europa. Ergänze sie.

2 In deinem Atlas gibt es eine Karte der Sprachen Europas.
a) Wo gibt es innerhalb eines Staates mehrere Sprachen?
b) Wo wird eine Sprache in mehreren Staaten gesprochen?

3 a) Wieso zeugen die beiden Kathedralen (5) und (6) von kultureller Einheit in Europa?
b) Erläutere die anderen Beispiele für ein gemeinsames kulturelles Erbe. Beziehe dazu Karte (2) auf Seite 6 mit ein.

4 Text (3) gibt Äußerungen von Jugendlichen zu Europa wider.
a) Sortiert sie danach, ob sie die kulturelle Vielfalt Europas achten oder nicht.
b) Beurteilt die Aussagen, und vergleicht eure Meinungen in der Klasse.
c) Entwerft einen Fragebogen zum Thema „Europa", und führt damit eine Befragung an eurer Schule durch. (Die Ergebnisse solltet ihr an einer Pinnwand in der Schule ausstellen.)

Eine Elternzeitschrift befragte Schülerinnen und Schüler zu Europa:
Vera: „Oft kann man hören: China ist das Reich der Mitte. Da kann ich nur sagen: Europa ist der geistige, wirtschaftliche und religiöse Mittelpunkt der Erde."
Volker: „Deutschland liegt in der Mitte von Europa. Darum muss Berlin die Hauptstadt von Europa werden."
Irina: „Europa ist das tollste Land der Erde. Da gibt es alles. Vom Nordkap bis zum Wüstensand, Fjorde, Inseln, Seen, Moore, Heide, Wälder. Dadurch sind auch die Menschen, die dort leben, so unterschiedlich. Darum ist es so kompliziert, sie alle zu einem einzigen Staat zu verschmelzen."
Robert: „Zuerst müsste eine einheitliche Sprache vom Europaparlament festgelegt werden. Ich bin für Englisch."
Nina: „Wenn wir nach Italien oder Spanien in Urlaub fahren, denke ich nicht, jetzt bist du im Ausland, sondern ich denke, jetzt bist du in einem anderen Teil von Europa."

3

5
Gotik in Frankreich: Kathedrale Notre Dame in Paris

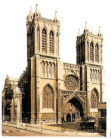

6
Gotik in England: Kathedrale von Bristol

4

Ergebnis einer regelmäßigen Umfrage der Behörden der EU, in diesem Fall zum Nationalstolz. Aber was ist eigentlich Nationalstolz?

Europa – mehr als die Europäische Union?

1957: An der Grenze verbrennen Franzosen und Deutsche Schlagbäume und Grenzpfähle. Sie wollen ein vereintes Europa. Auf dem Transparent steht, was sie fordern: ein gemeinsames Parlament und eine gemeinsame Regierung.

1

„Europa lässt sich nicht mit einem Schlage herstellen und auch nicht durch eine einfache Zusammenfassung. [...] Die Vereinigung der europäischen Nation erfordert, dass der jahrhundertealte Gegensatz zwischen Frankreich und Deutschland ausgelöscht wird. Die französische Regierung schlägt vor, die Gesamtheit der französisch-deutschen Kohlen- und Stahlproduktion unter eine gemeinsame Oberste Aufsichtsbehörde zu stellen, in einer Organisation, die den anderen europäischen Ländern zum Beitritt offen steht. Die Zusammenlegung der Kohlen- und Stahlproduktion wird sofort die Schaffung gemeinsamer Grundlagen für die wirtschaftliche Entwicklung sichern [...] Die Solidarität der Produktion wird bekunden, dass jeder Krieg zwischen Frankreich und Deutschland nicht nur undenkbar, sondern materiell unmöglich ist."
Außenminister Robert Schuman, Frankreich, am 9. Mai 1950

2

Der Weg zur Europäischen Union

Die Geschichte der Europäischen Einigung beginnt mit dem so genannten „Schuman-Plan" im Jahre 1950. Nur fünf Jahre nach dem Ende des Zweiten Weltkrieges bietet der französische Außenminister dem Kriegsgegner Deutschland bereits wieder eine wirtschaftliche Zusammenarbeit an. Gemeinsam mit vier weiteren europäischen Staaten wird 1951 die **Europäische Gemeinschaft für Kohle und Stahl** („Montanunion") gegründet. Dieselben sechs Staaten schließen 1957 die „Römischen Verträge" und gründen damit die **Europäische Wirtschaftsgemeinschaft** (EWG), die 1958 in Kraft tritt.
Die europäische Zusammenarbeit geht schon bald über wirtschaftliche Interessen hinaus. Auch politisch wollen die Mitgliedstaaten näher zusammenrücken. Sie übertragen einen Teil ihrer Hoheitsrechte an gemeinsame europäische Institutionen. Aus der EWG wird 1967 die EG, die **Europäische Gemeinschaft**.

Europa – mehr als die Europäische Union?

Ein wichtiges Jahr ist 1993: Der „Binnenmarkt" wird verwirklicht, aus der EG wird die EU, die **Europäische Union** deren Säulen im Vertrag von Maastricht geregelt werden.

1 Sprecht über die Rede des französischen Außenministers Schuman vom 9. Mai 1950. Welches sind seine wichtigsten Gedanken?

2 Sechs Staaten schlossen 1957 die „Römischen Verträge". Welche Staaten waren es? Wie wurde die Staatengemeinschaft später erweitert? Erläutere die Karte (3).

3 Stelle eine Tabelle der EU-Mitgliedsländer zusammen: Fläche, Einwohnerzahl, Wirtschaftsleistung (Tabelle im Einband des Buches). Erläutere die Unterschiede zwischen den Ländern.

4 Ein Politiker sagte: „Neue Mitglieder machen die Gemeinschaft zwar größer, aber nicht unbedingt stärker." Was meint er damit?

5 Das Foto (1) zeigt die Begeisterung der Menschen für die Idee des vereinten Europa. Ob sich die Hoffnungen von 1957 erfüllt haben? Versucht eine Antwort, nachdem ihr euch mit dem Thema Europa befasst habt.

Zum Stand der Mitglieder in der Europäischen Union 1995 könnt ihr auch im Kapitel „Die EU und die Länder Osteuropas" nachlesen (Seiten 20 und 21).

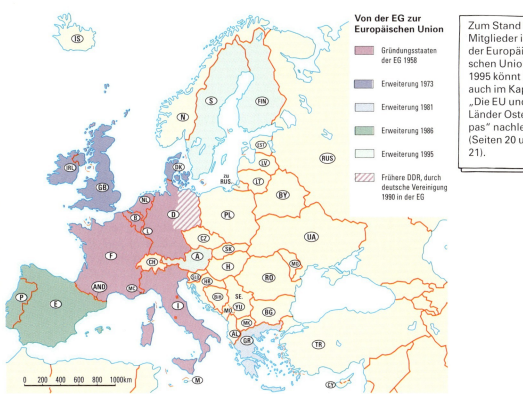

Von der EG zur Europäischen Union
- Gründungsstaaten der EG 1958
- Erweiterung 1973
- Erweiterung 1981
- Erweiterung 1986
- Erweiterung 1995
- Frühere DDR, durch deutsche Vereinigung 1990 in der EG

 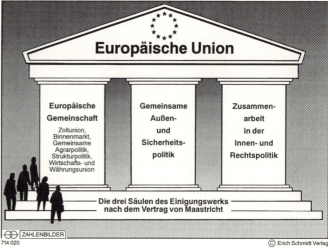

Maastricht – ein Meilenstein

1992 wurde in Maastricht in den Niederlanden der **Maastrichter Vertrag** über die Europäische Union beschlossen. Aus der EG wurde die EU.
Die EU ruht auf drei Säulen. Die erste Säule ist die gemeinsame Wirtschaftspolitik. Sie soll in einer Wirtschafts- und Währungsunion gipfeln. Die zweite Säule ist die gemeinsame Außen- und Sicherheitspolitik. Dadurch sollen die Interessen der EU weltweit besser vertreten werden. Die dritte Säule umfasst die Zusammenarbeit in der Innen- und Rechtspolitik. Dadurch soll u. a. die Gewährung von Asyl oder die Bekämpfung von Rauschgiftkriminalität und Terrorismus abgestimmt werden. Darüber hinaus ist eine europäische Staatsbürgerschaft geplant. Damit wird man nicht mehr nur Deutscher, Franzose oder Brite sein, sondern ganz offiziell auch Europäer.
Kern des Vertrages ist jedoch die **Wirtschafts- und Währungsunion**. Die **Europäische Zentralbank** in Frankfurt am Main soll dafür sorgen, dass der am 1. Januar 1999 eingeführte Euro eine stabile und international anerkannte Währung wird. Laut Maastricht-Vertrag ist die Europäische Zentralbank unabhängig von politischen Weisungen. Die ebenfalls von den Weisungen der Politik unabhängigen Zentralbanken der Mitgliedstaaten bleiben bestehen. Sie setzen zwar nur noch die Beschlüsse der Europäischen Zentralbank um, können aber ihren Einfluss im Europäischen Zentralbankrat geltend machen, in dem sie vertreten sind.
Der Vertrag von Maastricht wurde nicht überall mit Begeisterung aufgenommen. Um die gemeinsame Politik sicherzustellen, soll es nämlich möglich werden, Mehrheitsbeschlüsse gegen ein einzel-

Stimmen zu Maastricht:
Erika B., Kauffrau:
„Ich kann mir nicht vorstellen, dass ich irgendwann nicht mehr mit D-Mark bezahlen kann. Außerdem frage ich mich, warum denn andere mitbestimmen sollen, wenn es um Deutschland geht. Die EG hat uns sicher viele Vorteile gebracht, vor allem in wirtschaftlicher Hinsicht. Ich glaube nicht, dass die EU uns noch mehr bringen kann. Außerdem meine ich, dass die Staaten Europas bestehen bleiben sollten, denn sie haben alle eine alte Tradition zu bewahren."

nes Land durchzusetzen. Viele fürchten deshalb einen Verlust ihrer nationalen Identität. Sie warnen vor dem Brüsseler Zentralismus und Bürokratismus. Dabei wurde in Maastricht ausdrücklich festgelegt, daß die EU nur dann eingreifen soll, wenn sie ein Ziel besser erreichen kann als ein Land oder eine Region alleine.

In Brüssel weiß man, dass die Zukunft Europas von der Einstellung der Jugend abhängt. Deshalb wird viel getan, um Jugendliche auf ein Leben im vereinten Europa vorzubereiten.

Auch Schülerinnen und Schüler haben die Möglichkeit, an einem EU-Programm für die Jugend teilzunehmen. Das bedeutendste ist PETRA (Partnership in Education and Youth Training). Jugendliche können dadurch beispielsweise ihr Berufspraktikum oder einen Teil ihrer beruflichen Ausbildung in einem anderen EU-Land verbringen.

Nach der Umwandlung der EG in die EU ist das Interesse an einer Mitgliedschaft noch größer geworden. Nicht nur Norwegen, Schweden, Finnland und Österreich wollen in die EU, sondern auch ehemalige Ostblockstaaten. Polen und Ungarn haben bereits Anträge gestellt. Der Weg ist frei, wenn die Aufnahmekriterien erfüllt und die bürokratischen Hürden genommen worden sind.

Paul P., Kommunalpolitiker:
„Mit dem Vertrag von Maastricht haben wir eine neue Stufe bei der immer engeren Union der Völker Europas erklommen. Vierzig Jahre nach der Geburtsstunde der Europäischen Gemeinschaft haben wir die Zusammenarbeit auf neue Gebiete des wirtschaftlichen und sozialen Lebens ausgedehnt. Seit 1993 bestehen für Personen, Waren, Dienstleistungen und Kapital im europäischen Binnenmarkt keine Grenzen mehr. Das ist so, als ob wir uns wirtschaftlich gesehen in einem Staat befinden."

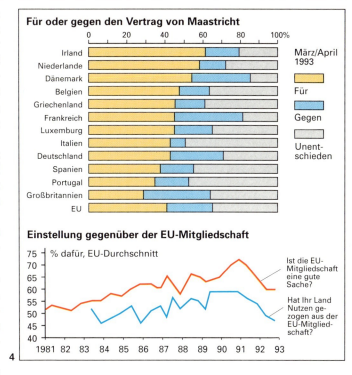

4

1 Welche Beschlüsse von Maastricht haben deiner Meinung nach für den Einzelnen die größte Bedeutung (Abbildung 2)?

2 In Befragungen wird die Einstellung zu Europa festgestellt.
a) Beschreibe den Kurvenlauf im Diagramm (4). Erkläre vor allem den Stimmungsabfall nach 1991.
b) Vergleiche die Einstellungen zum Vertrag von Maastricht in den einzelnen Mitgliedsländern.
c) Welche Gründe mögen dafür sprechen, dass die Zustimmung in Irland und den Niederlanden so groß und in Portugal und Großbritannien so gering ist?

3 In den Texten (3) finden sich zwei persönliche Stellungnahmen zum Vertrag von Maastricht.
a) Stelle die Kernaussagen gegenüber.
b) Frage zu Hause nach Einstellungen zu Maastricht.

4 Welche Argumente könnten helfen, die Befürchtungen von Gegnern eines weitergehenden Einigungsprozesses zu zerstreuen?

5 Sammle Zeitungsberichte zum Thema EU, und ordne sie nach Sachgebieten.

Europa – mehr als die Europäische Union?

1 Die Europäische Kommission

Wer regiert in der Europäischen Union?

Hier gibt es Informationen zum Thema Europa:

Presse- und Informationsamt der Bundesregierung, Welckerstraße 11, 53113 Bonn, Telefon 02 28/ 2 08-0; Internet: http://www.bundesregierung.de

Auswärtiges Amt, Adenauerallee 101, 53113 Bonn, Telefon 02 28/ 17-0

Informationsservice der Europäischen Kommisssion, Bertha-von-Suttner-Platz 2–4, 53111 Bonn, Telefon 02 28/ 5 30 09-10

Informationsbüro des Europäischen Parlaments, Bonn-Center, Bundeskanzlerplatz, 53113 Bonn, Telefon 02 28/ 22 30 91

Europäische Bewegung Deutschland e.V., Generalsekretariat, Bachstraße 32, 53115 Bonn, Telefon 02 28/ 7 29 00-60

„Die Einrichtungen der Europäischen Union sind bürgerfern. Sie wollen über die Menschen im fernen Lappland genau so entscheiden wie über Menschen auf Kreta."
„Die EU hat zu viel Macht und bestimmt über unsere Regierung hinweg Dinge, die wir in Deutschland gar nicht haben wollen."
„Der ganze EU-Apparat ist ein einziger bürokratischer Wasserkopf, der auch noch Unsummen kostet."

2

Solche und ähnliche Äußerungen hört man immer wieder in Diskussionen über die Europäische Union. Treffen diese Aussagen zu? Wie „funktioniert" die EU eigentlich?
Wird in der EU etwas beschlossen, so geschieht dies im Zusammenspiel der vier wichtigsten Institutionen Ministerrat, Europäischer Rat, Kommission und Europäisches Parlament. Das Leitungs- und Beschlussorgan ist seit 1967 der **Ministerrat,** oft auch nur Rat genannt. In ihm treten je nach Sachgebiet die Fachminister der einzelnen Mitgliedstaaten zusammen. Bei umweltpolitischen Fragen also sind es die Umweltminister. Die Grundlinien der Zusammenarbeit in der EU werden jedoch im **Europäischen Rat** der EU-Staaten festgelegt, zu dem sich regelmäßig die Regierungschefs der EU-Staaten treffen. Die Rolle des europäischen Rates ist im Laufe der Zeit immer wichtiger geworden, vor allem, seit die EU eine gemeinsame Außen- und Sicherheitspolitik betreibt.

Die Europäische Kommission ist das wichtigste ausführende Organ und leistet die eigentliche Arbeit, wenn es um die Einführung neuer EU-Bestimmungen geht. Man hat die Kommission daher auch schon den „Motor der Gemeinschaft" genannt. Ihre Vorschläge werden vom Ministerrat in den Rang von EU-Richtlinien oder Verordnungen erhoben, wie man Gesetze in der EU nennt. Anschließend überwacht wieder die Kommission die Durchsetzung der neuen Verordnungen in den Mitgliedstaaten. Weitere Aufgaben dieses Gremiums sind die Aufstellung des Haushaltsplanes, die Verwaltung der einzelnen Fonds und die Mitwirkung bei der Außen- und Sicherheitspolitik.

Die vierte wichtige Institution in der EU ist das **Europäische Parlament** (EP). Die Mitglieder werden seit 1979 in direkter Wahl in den Mitgliedsländern gewählt. Seit dem Vertrag von Maastricht über die Europäische Union (1992) ist der Einfluss des Parlamentes deutlich gestiegen. Es darf jetzt bei der Gesetzgebung in bestimmten Bereichen nicht nur wie früher mitberaten, sondern mitentscheiden. Wichtige Aufgaben des EP neben der Gesetzgebung sind die Mitwirkung bei Haushaltsfragen der EU und die Kontrolle der Kommission und teilweise auch des Rates.

In Streitfragen bei der Auslegung von EU-Verträgen entscheidet der **Europäische Gerichtshof** in Luxemburg. Und der **Rechnungshof** der EU überwacht die Ausgaben der Gemeinschaft.

Grundsatz im Vertrag über die EU ist für alle Verordnungen, dass die nationale Eigenart aller Mitgliedstaaten erhalten bleibt.

Europa – mehr als die Europäische Union?

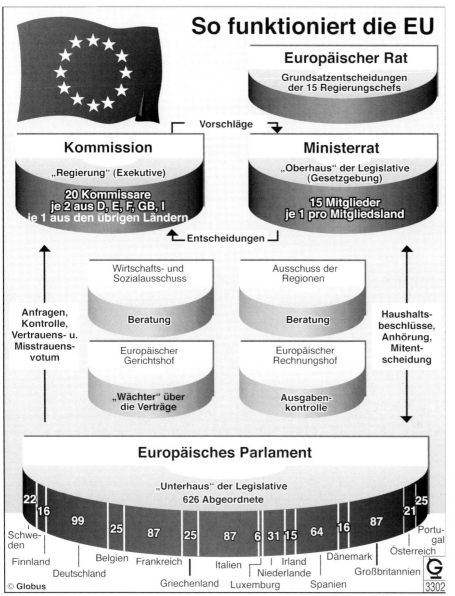

Wie hoch ist der Aufwand für die EU-Verwaltung? 16 800 Menschen arbeiten für 370 Millionen Europäer. Sie kosten umgerechnet jeden Bürger in den Mitgliedstaaten 13,50 DM pro Jahr.

[1] a) Erläutert mit eigenen Worten die Zusammensetzung und Aufgaben der wichtigsten EU-Organe.
b) Welches sind die entscheidenden Institutionen der EU und wie setzen sich deren Mitglieder zusammen?

[2] Prüft die Aussagen des Quellentextes (2). Stimmt es, dass die EU von „mächtigen" Europapolitikern über die Köpfe der nationalen Regierungen hinweg regiert wird? Was würdet ihr antworten?

[3] Fordert Informationsmaterial zu Europa an. Informiert euch genauer zu den einzelnen Institutionen der EU. Schreibt kleine Artikel für eine „Europa-Zeitung" und haltet Referate dazu in der Klasse.

Europa – mehr als die Europäische Union?

An der deutsch-niederländischen Grenze

Der Europäische Binnenmarkt

Auf ihrer Urlaubsfahrt von Deutschland in die Niederlande, nach Belgien oder nach Frankreich haben es die meisten zuerst gemerkt: Es gibt durchgängig freie Fahrt an den Grenzen! Keine Kontrollen zwingen mehr zum Anhalten, die Ausweise können in der Tasche bleiben. Der Binnenmarkt im größten Teil der Europäischen Union ermöglicht seit 1993 diesen freien Personenverkehr. Was heißt das – ein gemeinsamer **Binnenmarkt**?

In einem Binnenmarkt gibt es keine Grenzen für Wirtschaft und Handel. Personen und Waren ebenso wie Dienstleistungen und Kapital können ungehindert von einem Ort zu einem anderen gelangen. Früher stimmte ein solcher Markt praktisch mit dem jeweiligen Staatsgebiet eines Landes überein. Heute spielt es keine Rolle mehr, ob etwas von Hannover nach Hamburg, nach Amsterdam oder nach Paris transportiert wird.

Damit es diese Freiheit geben konnte, mussten Hunderte von Gesetzen, Verordnungen und Normen in den Mitgliedstaaten geändert, aneinander angepasst oder gegenseitig anerkannt werden. Viele Schranken mussten beseitigt werden. Dazu gehören z. B. die Personen- und Warenkontrollen an den Grenzen und die vielen verschiedenen Vorschriften im Wirtschaftsleben der einzelnen Länder. Außerdem mussten unterschiedliche Belastungen der Güter und Dienstleistungen durch Steuern und Zölle beseitigt werden. Schon 1959 begann der Zollabbau innerhalb der damaligen Europäischen Wirtschaftsgemeinschaft. 34 Jahre dauerte dann aber noch die Verwirklichung des Binnenmarktes in der EU!

Die vier Freiheiten

Freier Personenverkehr
- Wegfall von Grenzkontrollen
- Harmonisierung der Einreise-, Asyl-, Waffen-, Drogengesetze
- Niederlassungs- und Beschäftigungsfreiheit für EU-Bürger
- Verstärkte Außenkontrollen

Freier Warenverkehr
- Wegfall von Grenzkontrollen
- Harmonisierung oder gegenseitige Anerkennung von Normen und Vorschriften
- Steuerharmonisierung

© Erich Schmidt Verlag

Der Europäische Binnenmarkt bietet seinen Bürgern und der Wirtschaft zweifellos viele Vorteile. Man schätzt, dass die Wirtschaftsleistung der Mitgliedstaaten in wenigen Jahren um etwa 6 % steigen, die Preise um etwa 5 % sinken und dass über 4 Mio neue Arbeitsplätze entstehen werden. Allein der Wegfall von 70 Millionen Zolldokumenten und der Zollkontrollen erspart Milliardenbeträge, kostete aber auch Arbeitsplätze. Andererseits gibt es Befürchtungen, dass der Wirtschaftsaufschwung vor allem den heute schon starken Regionen zu noch mehr Wachstum verhelfen wird. Dann würden die Unterschiede zwischen reichen und armen Gebieten in der EU weiter verstärkt.

Europa isst grenzenlos: Beispiele für Nahrungsmittelvorschriften
Bis vor den Europäischen Gerichtshof ging der Streit um einige Lebensmittel in Europa. Deutschland darf z. B. nicht mehr den Import von Wurstwaren verhindern, die Stoffe enthalten, welche nach deutschem Lebensmittelrecht verboten sind (z. B. Soja). Italien musste seine Grenzen für Essig öffnen, der aus deutschen Äpfeln statt aus Wein hergestellt wird. Auch sind dort jetzt Teigwaren erlaubt, die nicht – wie in Italien üblich – aus Hartweizengrieß bestehen. Frankreich musste Kaffeeweißer auf pflanzlicher Basis ins Land lassen. – Die Regeln lauten: Was in einem Land der EU zugelassen ist, darf in allen Ländern verkauft werden. Für inländische Produkte darf aber jedes Land strengere oder andere Anforderungen erlassen. Beispiel Bier: Deutsches Bier wird weiter nach dem deutschen Reinheitsgebot gebraut, ausländisches Bier darf aber trotz zugesetzter Stoffe auch in Deutschland verkauft werden.

3

n Binnenmarkt

eier Dienstleistungsverk.
eralisierung der Finanz-
enste
rmonisierung der Banken-
d Versicherungsaufsicht
nung der Transport- und
ekommunikationsmärkte

eier Kapitalverkehr
ößere Freizügigkeit für
ld- und Kapitalbewegungen
hritte zu einem gemein-
men Markt für Finanz-
stungen
eralisierung
s Wertpapierverkehrs

ZAHLENBILDER
715 320

1 Erläutere die „vier Freiheiten" des Binnenmarktes nach der Grafik (2). Welche Vorteile ergeben sich für die EU-Bürger und die Wirtschaft?

2 Quellentext (3): Sprecht über „Lebensmittelschranken" und andere Normen. Nennt Beispiele aus eigener Erfahrung.

3 Viele Bürger äußern sich skeptisch, wenn sie über den gemeinsamen Binnenmarkt sprechen. Sie denken z. B. an steigende Kriminalität über die Grenzen hinweg und an den unkontrollierten Import von Waren.
Diskutiert über die Vorteile und Nachteile offener Grenzen und nennt Beispiele. Sammelt entsprechende Zeitungsmeldungen zum Europäischen Binnenmarkt.

Europa – mehr als die Europäische Union?

Förderung für arme Gebiete

Noch um 1960 arbeitete mehr als ein Drittel aller Beschäftigten in Irland in der Landwirtschaft. Die Landwirtschaft aber konnte den Menschen keinen Wohlstand bringen. Die Betriebe waren zu klein; für die Modernisierung fehlte das Geld. Und die Bevölkerungszahl wuchs stärker als in allen anderen Ländern Europas. Die Folge: hohe Arbeitslosigkeit, Auswanderung. Jedes Jahr verließen 30 000 Iren ihre Heimat.

Neue Arbeitsplätze mussten geschaffen werden. Die Regierung gründete die Entwicklungsbehörde „Industrial Development Authority" (IDA). Die Behörde
– gibt neuen Industriebetrieben günstige Kredite und billiges Gelände,
– vermietet fertige Fabrikanlagen an Unternehmen,
– soll vor allem moderne ausländische Industriebetriebe nach Irland holen, die ihre Erzeugnisse dann wieder in andere Länder exportieren.

1

2 „Irland, die grüne Ferieninsel am Rande Europas, aktiv erleben; beim gemütlichen Autowandern etwa, auf leeren Straßen [...]"
Auszug aus einem Reiseprospekt

5 Neue Fabrik in Waterford

3 „Irland – ein idealer Industriestandort. Irland unternimmt energische Anstrengungen, die Voraussetzungen für die weitere Industrialisierung zu verbessern [...]" So hieß es vor Jahren im Industrie-Magazin der IDA.
Auszug aus einem Magazin der Development Authority of Ireland, Stuttgart

4
Neue Betriebe der Elektroindustrie in Irland seit 1985

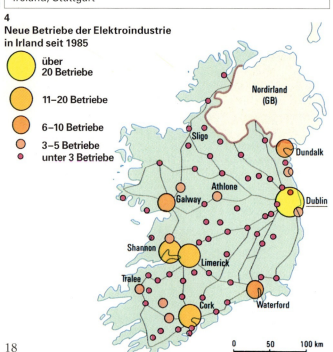

[1] Hatten die Bemühungen der irischen Regierung Erfolg? Sprecht über die Materialien auf dieser Seite.

[2] 1973 trat Irland der Europäischen Gemeinschaft bei. Was mag die Regierung des Landes damals von der Mitgliedschaft in der EU erwartet haben?

[3] Erläutert die Karte (7).

Entwicklung der irischen Ausfuhr

6

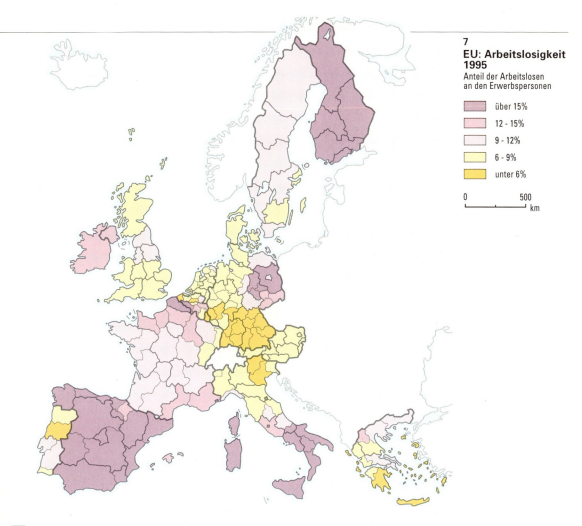

**7
EU: Arbeitslosigkeit 1995**
Anteil der Arbeitslosen an den Erwerbspersonen

- über 15%
- 12 - 15%
- 9 - 12%
- 6 - 9%
- unter 6%

0 — 500 km

4 Man spricht häufig vom Kern-Rand-Gefälle in Europa. Was ist damit gemeint?

5 Es gibt mehrere arme Länder in der EU. Ihre Merkmale:
– hoher Anteil der in der Landwirtschaft Beschäftigten
– geringe Wirtschaftsleistung.
Für welche EU-Länder treffen diese Merkmale zu? Benutze die Tabelle im Einband des Buches.

6 Auf der Suche nach Arbeit verlassen viele Menschen ihre Heimat. Früher sind Millionen Italiener und Iren nach Amerika ausgewandert. Heute leben viele Menschen aus den armen Regionen als Gastarbeiter in den Industriegebieten. Aus welchen EU-Ländern gibt es Gastarbeiter bei uns?

Die EU will den ärmeren Gebieten helfen. Vor allem die wohlhabenden EU-Länder zahlen dafür Beiträge, z. B. in den „Europäischen Fonds für regionale Entwicklung". Dieses Geld wird an die Mitgliedsländer verteilt, damit die Problemgebiete entwickelt werden können. Mit den Zuschüssen sollen vor allem

- ländliche Problemgebiete gefördert werden (Straßenbau, Verbesserung der Landwirtschaft, Schaffung von Arbeitsplätzen),
- in „alten" Industriegebieten mit Strukturproblemen neue Arbeitsplätze eingerichtet werden.

Griechenland, Irland, Portugal, Spanien, Italien und Großbritannien erhielten bisher die größten Förderbeiträge.

Europa – mehr als die Europäische Union?

Die EU und die Länder Osteuropas

Die Europäische Union ist bislang auf 15 Mitglieder angewachsen. Einige Staaten Europas möchten sich nicht anschließen. Norwegen und die Schweiz haben das mit ihren Entscheidungen gegen die EU gezeigt. Die Mehrzahl der osteuropäischen Staaten will aber in die Gemeinschaft eintreten. Schon seit langem sind die westeuropäischen Länder die wichtigsten Handelspartner für die Reformstaaten. Bereits seit 1993 sind sechs osteuropäische Staaten mit der EU „assoziiert". Mit diesem Abkommen sollte es schrittweise zu Erleichterungen im Handel, zu mehr Investitionen und zu besserer Zusammenarbeit kommen.

Doch es gab schon bald die ersten Schwierigkeiten. Es setzten massenhafte Importe von Textilien, Stahl, Kohle und landwirtschaftlichen Produkten aus den osteuropäischen Ländern ein, die deutlich billiger waren als die westeuropäischen Produkte. Die Folge: Die EU erließ Handelsbeschränkungen für bestimmte Erzeugnisse, um die eigene Wirtschaft zu schützen. Auch für den Zugang von Arbeitskräften wurden Beschränkungen erlassen. Damit wurden die Grenzen der EU trotz des Kooperationsabkommens teilweise geschlossen. Ähnliche Beschränkungen gibt es auch für andere Staaten, mit denen inzwischen Assoziierungsabkommen geschlossen wurden oder die einen Beitrittsantrag gestellt haben.

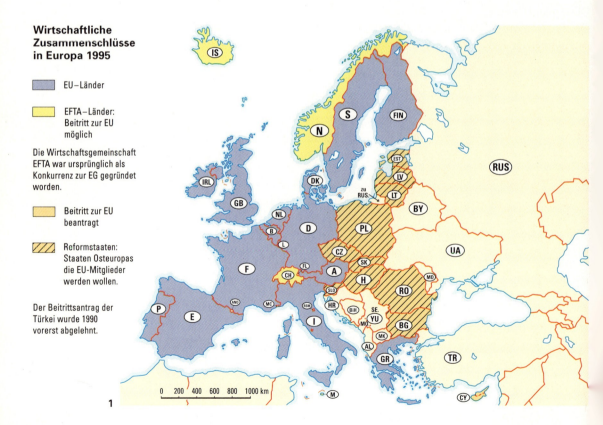

Wirtschaftliche Zusammenschlüsse in Europa 1995

- EU–Länder
- EFTA–Länder: Beitritt zur EU möglich

Die Wirtschaftsgemeinschaft EFTA war ursprünglich als Konkurrenz zur EG gegründet worden.

- Beitritt zur EU beantragt
- Reformstaaten: Staaten Osteuropas die EU-Mitglieder werden wollen.

Der Beitrittsantrag der Türkei wurde 1990 vorerst abgelehnt.

1

Europa – mehr als die Europäische Union?

1 Arbeite mit der Karte (1): Unterscheide folgende Ländergruppen und schreibe die jeweiligen Staaten auf:
a) Länder der EFTA, die sofort Mitglieder der EU werden könnten.
b) Staaten, die EU-Mitglieder werden wollen (assoziierte Staaten).
c) Staaten, die bereits einen Aufnahmeantrag gestellt haben.

2 Erläutere die Bedeutung der EU für die Länder Osteuropas (Tabelle (2)).

Osteuropas Handelsbindungen an die Europäische Union

Land	Importe aus der EU	Exporte in die EU
Polen	57%	63%
Slowenien	56%	57%
Tschechien	51%	55%
Ungarn	40%	47%
Rumänien	38%	33%
Bulgarien	30%	28%

2

Die geplante Erweiterung der EU nach Osten ist wesentlich schwieriger als die Aufnahme der bisherigen neuen Mitgliedstaaten aus Süd- und Nordeuropa. Das Wohlstandsgefälle zwischen Osteuropa und den Ländern der EU ist groß und müsste mit gewaltigen Strukturhilfen ausgeglichen werden. Aber nicht nur die Finanzen sind ein Problem. Auch politische Erwägungen spielen eine Rolle. Wie stabil sind die Regierungen in den Reformstaaten? Wie werden die Entscheidungen in den EU-Institutionen ablaufen, wenn die Gemeinschaft aus über 20 Mitgliedern besteht? Vieles, was einmal für sechs Staaten funktioniert hat, wird dann schwieriger werden, das zeigt schon das Europa der 15 Partner.

Es geht für die EU darum, in ihrer Politik die Balance zu finden: Einerseits muss den osteuropäischen Staaten ein Weg aufgezeigt werden, der sie dem Ziel des Anschlusses an die Gemeinschaft näher bringt. Andererseits darf der gemeinsame Weg der EU-Staaten nicht durch zu viele innere Gegensätze gefährdet werden.

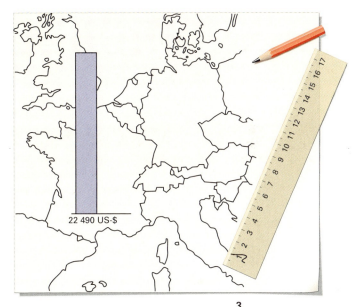

3 **Die Wirtschaftsleistung der EU-Staaten**

3 Stelle in einer Karte die Wirtschaftsleistung je Einwohner in den EU-Ländern und den beitrittswilligen Ländern dar (Strukturdaten im Einband).
Zeichne dafür auf einer Staatenkarte Europas wie im Beispiel (Karte (3)) Säulendiagramme in die Länder ein. Maßstab: 500 US-$ ≙ 1 mm Säulenhöhe.

4 Sprecht über die Probleme einer Erweiterung der EU nach Osten. Sammelt weitere Informationen dazu.

5 Schreibt für eure Europa-Zeitung „Steckbriefe" zu den EU-Beitrittskandidaten Osteuropas (Informationen aus Lexika, Länderkunden, Atlas). Stellt die Länder in Form von kleinen Referaten in der Klasse vor.

6 „Wir alle irren, wenn wir glauben, wir könnten Europa schaffen, indem wir es halb schaffen. Wenn Europa werden soll, dann muss man aufs Ganze gehen." Was haltet ihr von der Auffassung des Politikers Carlo Schmid? Diskutiert darüber in der Klasse.

Europa – mehr als die Europäische Union?

Grenzen überwinden

„Steckbrief" der EUREGIO Gronau–Enschede 1995
Fläche: etwa 8000 km²
105 deutsche und niederländische Gemeinden und Kreise
2 Mio. Einwohner, je zur Hälfte Deutsche und Niederländer

1958 gründeten über hundert deutsche und niederländische Gemeinden einen Zusammenschluss über die Grenze hinweg: Es war die Geburtsstunde der „EUREGIO". Die Idee war, durch eine enge Zusammenarbeit auf sozialem, wirtschaftlichem und kulturellem Gebiet eine abseits gelegene Grenzregion besser zu entwickeln. Gleichzeitig sollte hier an der Grenze ein Beitrag zur europäischen Einigung geleistet werden.

Die EUREGIO besitzt verschiedene Institutionen, die Ideen und Pläne zur grenzüberschreitenden Arbeit entwickeln. Die gemeinsame Geschäftsstelle der EUREGIO am Grenzübergang Gronau-Glanerbrug wird von deutschen und niederländischen Mitarbeitern geführt. Das Arbeitsfeld umfasst drei große Bereiche:

1. Wirtschaftsentwicklung
Das Gebiet der EUREGIO litt jahrzehntelang unter seiner Randlage. Es fehlte an leistungsfähigen Verkehrswegen und einer gesunden Industriestruktur. Durch das Engagement der EUREGIO entstanden neue Autobahnen und Eisenbahnlinien. Dazu wurden zahlreiche Projekte in der Industrie, in der Landwirtschaft, in der Bildung, im Tourismus und im Umweltschutz verwirklicht, sodass sich die wirtschaftliche Lage deutlich verbessert hat.

2. Soziale und kulturelle Fragen
Eine echte grenzüberschreitende Zusammenarbeit kann nur funktionieren, wenn die Menschen beiderseits der Grenze sich kennen und Verständnis füreinander haben. Zu diesem Zweck organisiert die EUREGIO ein großes Angebot an Jugendaustausch, Familien- und Seniorenbegegnungen, Schulpartnerschaften, Sprachkursen, Kulturfesten und Partnerstadt-Aktivitäten. Über 300 000 Bürger der EUREGIO nehmen jährlich daran teil.

3. Beratung
Für Menschen beiderseits einer Grenze gibt es immer wieder Probleme: Wie steht es mit der Anerkennung von Zeugnissen? Wie ist das Lohnniveau? Wel-

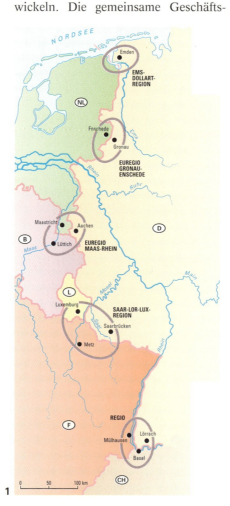

Europa – mehr als die Europäische Union?

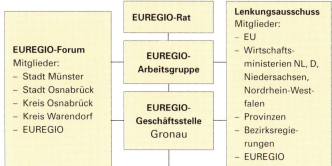

che Gesetze gelten für mich, wenn ich im anderen Land arbeite? Wie kann ich Waren umtauschen? Rund 25 000 Einwohner holen sich jährlich Informationen und Beratung im EUREGIO-Büro.

1 Beschreibt Lage und Größe der EUREGIO (Atlas, Karten (1) und (5)).
2 Erläutert die Organisation und die Arbeitsbereiche der EUREGIO anhand des Schemas (4).
3 Prüft mit Hilfe des Schulatlas, in welcher Weise sich andere Regionen an der deutschen Westgrenze als EUREGIO eignen (Karte (1)).

Die Euregio-Gesamtschule Rheine und die „Openbare Scholengemeenschap Hengelo" unterhalten seit 1993 eine Schulpartnerschaft im Rahmen der EUREGIO. Die Kontakte sind vielfältiger Art: Lehrer und Schüler beider Schulen organisieren Begegnungen und führen gemeinsame Projekte durch, z.B. in den Bereichen Umweltschutz, Theaterspielen und Sport. Am wichtigsten aber ist das Nachbar-Sprachenprogramm. Immer mehr deutsche Schüler wählen als zweite Fremdsprache Niederländisch, um sich in ihrer Region mit den europäischen Nachbarn unterhalten zu können. Die EUREGIO unterstützt die Aktivitäten der beiden Schulen durch Zuschüsse.

5 **EUREGIO**

Das Modell EUREGIO hat Schule gemacht. Heute bestehen in Europa schon über 100 derartige Grenzregionen. Sie reichen auch über die Grenzen der Europäischen Union hinaus. Manche Gebiete liegen sogar in drei Staaten, wie die „Euroregion" Neiße im Grenzdreieck Deutschland–Polen–Tschechien. Dort ist die grenzüberschreitende Zusammenarbeit wesentlich schwieriger als an der deutsch-niederländischen Grenze. Die Zielsetzung aber ist überall die gleiche: eine Partnerschaft über die Grenzen hinaus zum Wohle der Menschen dort.

EUREGIO-Rat: „Parlament" der EUREGIO mit 64 Abgeordneten aus beiden Staaten
EUREGIO-Arbeitsgruppe: Verwaltungschefs der beteiligten Gemeinden und Kreise
EUREGIO-Forum: Arbeitsgemeinschaft zur Ausweitung der EUREGIO auf weitere Gemeinden u. Kreise
Lenkungsausschuss: Beratende Mitglieder der EUREGIO aus verschiedenen Institutionen

Europa – mehr als die Europäische Union?

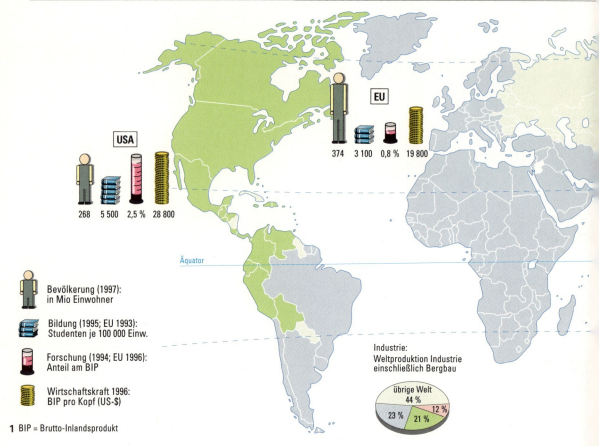

1 BIP = Brutto-Inlandsprodukt

2

Die EU in Europa und der Welt

Seit 1945 erleben die Völker im Westen Europas eine Phase des Friedens. Es ist die längste Phase seit Entstehung der modernen Staaten im 16. Jahrhundert. Der Frieden hat wirtschaftlichen Wohlstand mit sich gebracht. Am Ende dieses Jahrhunderts wird das Einkommen eines durchschnittlichen Westeuropäers 300 mal höher liegen als noch zur Mitte des Jahrhunderts. Die durchschnittliche Lebensdauer wird gleichzeitig von 67 auf 76 Jahre angestiegen sein. Und die Chance, daß ein Kind auf eine weiterführende Schule gehen kann, hat sich verdreifacht.

In der gleichen Zeit haben sich die Völker in ihren Lebensgewohnheiten angenähert: von der Zahl der Kinder und der Familienstruktur über die Arbeitssituation bis hin zum Freizeitverhalten. Die enger gewordenen Kontakte über die Grenzen hinweg haben dazu beigetragen, dass die Menschen immer ähnlicher denken und handeln. Der europäische Einigungsprozeß von der EWG bis hin zur EU hat die Voraussetzungen dafür geschaffen.

In der gleichen Zeit hat sich der Abstand zu den Völkern im Osten Europas vergrößert. Die Kluft zwischen Arm und Reich verläuft längst nicht nur am Mittelmeer, sondern auch entlang von Oder und Donau. Wir im Westen dürfen diese Gegensätze nicht einfach hinnehmen. Wir müssen unseren Teil dazu beitragen, dass sich der Osten Europas rasch ent-

Europa – mehr als die Europäische Union?

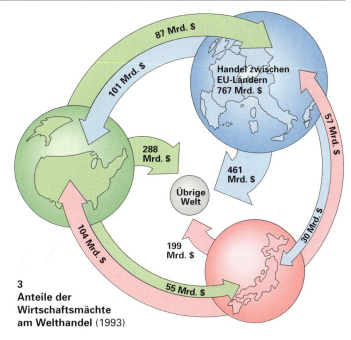

3 Anteile der Wirtschaftsmächte am Welthandel (1993)

wickelt, sonst ist der Friede im „gemeinsamen europäischen Haus" nicht von Dauer.
Von ähnlicher Bedeutung ist die Rolle, die Europa in der Welt spielt. Mit der Europäischen Union ist der größte Markt der Erde entstanden: Fast 350 Millionen Verbraucher leben hier, die wegen ihres hohen Einkommens sehr kaufkräftig sind. Das Europa der EU kann sich durchaus mit den USA und mit Japan, den beiden anderen führenden Wirtschaftsmächten, messen. Diese „Großen Drei" zusammen beeinflussen durch ihr Verhalten in maßgeblicher Weise die Geschicke von Milliarden Menschen in ärmeren Ländern der Welt. Ob wir uns immer dieser Verantwortung bewusst sind?

1 Die „Großen Drei" des Welthandels beherrschen den Handel mit bestimmten Regionen der Erde (Karte 1).
a) Nenne Regionen und Länder, die für die EU, die USA und Japan jeweils wichtigste Handelspartner sind.
b) Suche nach Erklärungen für diese Handelsverflechtungen.
2 Untersuche den Handel der „Großen Drei" untereinander (Abbildung 3).
a) Beschreibe die Handelsströme.
b) Wo ist der Handel unausgewogen?
3 Karte (1) ist eigentlich ein Kartogramm – eine Mischung aus Karte und Diagramm.
a) Stelle fest, bei welchen Merkmalen die EU, die USA oder Japan jeweils führend sind.
b) Wie äußert sich die wirtschaftliche Stärke der EU in den Diagrammen?
4 Charakterisiere die Stellung der Länder der EU in Europa (Abbildung 2).
5 Die Stellung Europas in der Welt schafft Verantwortung. Nenne als Beispiele einige globale Probleme.

Gewusst wie ...

Gewusst wie ... man Diagramme mit dem Computer erstellt

Immer wieder begegnen dir im Erdkundeunterricht und in anderen Schulfächern Tabellen mit vielen Zahlen. Häufig lautet die Aufgabe, diese Zahlen als Diagramm darzustellen, z. B. als Säulendiagramm oder als Kreisdiagramm. Bei einer solchen Aufgabe leistet der Computer gute Dienste. Mit entsprechender Software ist es nicht schwer, Diagramme zu erstellen. Und weil der Computer fast alles in Sekundenschnelle erledigt, kannst du auch sehr gut die unterschiedlichsten Diagrammformen für bestimmte Zahlenwerte erproben und vergleichen, welche am aussagekräftigsten sind.

Es sind keine aufwendigen Spezialprogramme erforderlich. Sogenannte Standard-Software, wie sie auf den meisten Schul- und Heim-PC installiert ist, reicht völlig aus. Schon mit guten Textverarbeitungs-Programmen lassen sich viele verschiedene Diagrammarten darstellen. Am besten geeignet sind jedoch Tabellenkalkulations-Programme. Sie ermöglichen nicht nur die vielfältigsten Diagrammformen, sondern darüber hinaus fast alle Arten von Berechnungen mit den Zahlenwerten.

Um z. B. die Länder der Europäischen Union besser kennen zu lernen, kann man auf eine Fülle von Zahlenmaterial zurückgreifen. Einige Angaben bieten die Strukturdaten ausgewählter Länder im Einband dieses Buches. Dort findest du u. a. die Einwohnerzahl und die Flächengröße jedes Staates.

1 a) Gib die Daten für die Einwohnerzahl und die Fläche der 15 EU-Staaten in ein Tabellenkalkulations-Programm im Computer ein. Berechne dann mit Hilfe des Programms die Bevölkerungsdichte. (Tabelle 2)
b) Erprobe verschiedene Diagrammformen. Welche Diagrammart erscheint dir am geeignetsten für die Darstellung der Bevölkerungsdichte? Eine Möglichkeit zeigt Grafik (3).

EU-Länder (1997)	Fläche km^2	Bevölkerung in Mio.	Einwohner/ km^2
Deutschland	356 974	82,0	230
Belgien	30 518	10,2	334
Dänemark	43 094	5,3	...
Frankreich	543 965	58,5	...
Griechenland	131 957	10,5	...
Großbritannien	244 111	58,9	...
Irland	68 895	3,6	...
Italien	301 287	57,5	...
Luxemburg	2 586	0,4	...
Niederlande	41 006	15,6	...
Portugal	91 971	9,9	...
Spanien	504 790	39,3	...
Finnland	338 145	5,1	...
Österreich	83 845	8,1	...
Schweden	410 934	8,8	...

2

3 EU-Länder: Bevölkerungsdichte (1997)

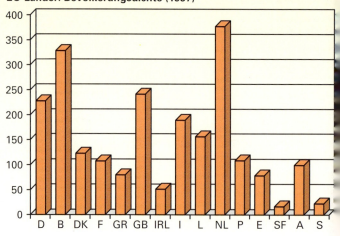

... man Diagramme mit dem Computer erstellt

EU-Länder	Arbeitslose in %			
	1985	1990	1994	1996
Deutschland	7,1	4,8	9,6	8,8
Belgien	11,8	7,6	12,8	9,8
Dänemark	7,2	8,1	12,1	6,9
Frankreich	10,1	9,0	12,7	12,4
Griechenland	7,8	7,1	10,7	9,6
Großbritannien	11,4	7,0	9,5	8,2
Irland	18,2	14,5	15,2	11,6
Italien	10,1	10,0	11,8	12,0
Luxemburg	2,9	1,7	2,7	3,3
Niederlande	10,5	7,5	9,3	6,3
Portugal	8,6	4,6	6,8	7,3
Spanien	21,1	21,1	24,4	22,1
Finnland	5,0	3,4	18,4	15,4
Österreich	4,8	5,4	4,4	4,4
Schweden	2,8	1,6	8,0	10,4

4

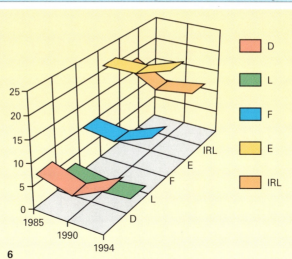

6

2 Die Zahl der Arbeitslosen ist ein wichtiges Anzeichen für die wirtschaftliche Situation in einem Land (Tabelle 4). In Diagramm (6) ist die Entwicklung der Arbeitslosenquoten im Vergleich von fünf EU-Ländern für einen Zeitraum von 9 Jahren dargestellt.
a) Beurteile die Art des Diagramms („3-D-Liniendiagramm") für diesen Zweck.
b) Gib die Werte der Tabelle in den Computer ein und erprobe andere Diagramme.
3 Ein weiterer wichtiger Wert für die Wirtschaft eines Staates ist die negative oder positive Handelsbilanz (Einfuhr- bzw. Ausfuhr-Überschuss). Ein Säulendiagramm mit negativen Werten (5) kann diesen Sachverhalt besonders deutlich machen. Erprob ein solches Diagramm mit den Werten der Tabelle (7).
4 Sucht weiteres Zahlenmaterial zu den EU-Ländern und setzt es mit Hilfe des Computers in Diagramme um.

EU-Länder	Einfuhrüberschuss (−) Ausfuhrüberschuss (+) in Mio. DM (1993)
Deutschland	61 891
Belgien-Luxemburg	20 384
Dänemark	10 185
Frankreich	8 694
Griechenland	−22 727
Großbritannien	−46 199
Irland	13 050
Italien	34 589
Niederlande	20 400
Portugal	−14 610
Spanien	−21 368
Finnland	9 059
Österreich	−14 355
Schweden	12 699

7

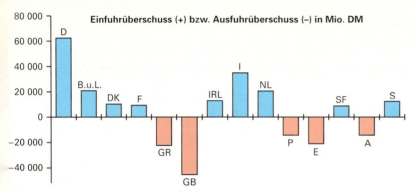

Landwirtschaft zwischen Potenzial und Politik

1 Bundeskanzler Konrad Adenauer (links) und der spätere erste Präsident der EWG-Kommission Walter Hallstein bei der Unterzeichnung der Römischen Verträge am 25. März 1957

Artikel 39 des Vertrages von Rom
Ziel der gemeinsamen Agrarpolitik ist es,
a) die Produktivität der Landwirtschaft durch Förderung des technischen Fortschritts, Rationalisierung der landwirtschaftlichen Erzeugung und den bestmöglichen Einsatz der Produktionsfaktoren, insbesondere der Arbeitskräfte, zu steigern;
b) auf diese Weise der landwirtschaftlichen Bevölkerung, insbesondere durch Erhöhung des Pro-Kopf-Einkommens der in der Landwirtschaft tätigen Personen, eine angemessene Lebenshaltung zu gewährleisten;
c) die Märkte zu stabilisieren;
d) die Versorgung sicherzustellen.

2

3 Anbaugrenzen in Europa

Landwirtschaft zwischen Potenzial und Politik

1 Hof Boge

Bauer Boge baut aus

Landwirtschaftliche Betriebssysteme

Veredlungsbetrieb
Mehr als 50 % des Betriebseinkommens stammen aus der Veredlung, der Erzeugung tierischer Produkte (z. B. Schweinezucht, Schweinemast oder Geflügelhaltung).

Futterbaubetrieb
Mehr als 50 % des Betriebseinkommens stammen aus dem Futterbau (z. B. für Milchvieh, Mast, Rinder, Schafe).

Dauerkulturbetrieb
Mehr als 50 % des Betriebseinkommens stammen aus Dauerkulturen (z. B. Wein, Obst).

Marktfruchtbetrieb
Mehr als 50 % des Betriebseinkommens stammen aus Marktfrüchten (z. B. Getreide, Zuckerrüben).

Der Betrieb von Bauer Boge liegt mitten im Münsterland, am westlichen Stadtrand von Telgte. Er wird seit Generationen als Familienbetrieb geführt und hat besonders in den letzten Jahrzehnten einen beachtlichen Strukturwandel erlebt.

Christoph Boge, der heutige Betriebsleiter, hat den Hof 1982 von seinem Vater Joseph übernommen. Schon Joseph Boge war Landwirt mit Herz und Verstand: „Als ich den Hof 1952 übernehmen sollte, überlegte ich es mir lange. Ich wollte gern Bauer werden, aber es sollte sich auch lohnen. Ein angemessenes Einkommen für mich und meine Familie musste schon dabei herauskommen. Die Chancen dafür waren damals in der Landwirtschaft hervorragend. Die Bundesrepublik Deutschland stand am Anfang eines wirtschaftlichen Aufschwungs. Die Menschen wollten sich nach der Hungerzeit im Krieg endlich wieder satt essen. Vor allem Fleisch war gefragt."

Joseph Boge entwickelte den Betrieb vom vielseitigen **Gemischtbetrieb** zum spezialisierten **Veredlungsbetrieb**. Durch Aufgabe von verschiedenen Produktionszweigen wurde eine innerbetriebliche Rationalisierung ermöglicht und die verbleibenden Betriebszweige konnten ausgebaut werden. Die Erhöhung der Tierbestände verlangte aber auch eine umfangreichere Futterbeschaffung. Dies wiederum führte zur Erweiterung der landwirtschaftlichen Nutzfläche durch Zukauf und Zupacht von Land, das bald nur noch als Ackerland für die Futterproduktion genutzt wurde.

Christoph Boge hat die Linie seines Vaters konsequent weiterentwickelt. Er und seine Frau Adelheid betreiben Landwirtschaft nach modernsten betriebswirtschaftlichen Gesichtspunkten:
– Marktorientierung durch Aufgabe der Produktion von Überschussprodukten wie Milch oder Schweinefleisch,
– Spezialisierung auf nur zwei Betriebszweige: die Schweinezucht, ausgerichtet für den Verkauf auf dem freien Markt; die Aufzucht und Mast von Puten, abgesichert durch langfristige Verträge mit bestimmten Abnehmern,
– Rationalisierung durch gezielte Einbindung der Bäuerin in die betriebliche Arbeitsorganisation, durch Einsatz von Lohnunternehmen und durch Zusammenarbeit im Maschineneinsatz mit einem Kollegen,
– Flächenerweiterung zum Anbau von Futterpflanzen und zur Gülleverwertung.

Viehbestand auf dem Hof Boge

	1955	1975	1995
Pferde	1	–	–
Kühe	8	–	–
Rinder	11	–	–
Mastbullen	–	80	–
Zuchtsauen	4	65	200
Ferkel/Jahr	–	–	4 000
Mastschweine	34	1050	–
Hühner	65	–	–
Junghennen (Aufzucht)/Jahr	–	45 000	–
Puten (Aufzucht und Mast)/Jahr	–	–	22 000

2

Landwirtschaft zwischen Potenzial und Politik

Hof Boge: Betriebsstrukturdaten

	1955	1995
Landwirtschaftlich genutze Fläche (in ha)	18,2 (davon 9,5 Eigentum, 8,7 Pacht)	128 (davon 37 Eigentum, 91 Pacht)
Nutzflächenverhältnis (in ha)	13,5 Ackerland, 4,7 Grünland	108 Ackerland, 20 Dauerbrache
Ackernutzung (in ha)	4,5 Winterroggen, 0,8 Winterweizen, 0,4 Sommergerste, 2,0 Mengkorn, 3,5 Kartoffeln, 0,8 Zuckerrüben, 0,3 Futterrüben, 0,5 Feldfutter u. a.	35 Futterweizen, 27 Gerste, 10 Roggen, 28 Körnermais, 8 Raps
Maschinenbestand	1 Traktor, 1 Mähbinder, 2 Pflüge, 3 Ackerwagen, 1 Miststreuer, 1 Düngestreuer, 1 Schrotmühle	3 Schlepper (40, 70, 110 PS), 1 Pflug, 1 Säkombination, 3 Getreidehänger (z. T. in Kooperation)
Arbeitskräfte	1 Betriebsleiter, 1 Bäuerin, 1 Landarbeiter	1 Betriebsleiter, 1 Bäuerin, 1 Auszubildender, 1 fester Mitarbeiter, Teilzeitarbeitskräfte (nach Bedarf), Einsatz von Lohnunternehmen in der Ernte und im Gülle ausbringen

3

Auf die Frage nach den Problemen, die ihn am meisten beschäftigen, antwortet Christoph Boge: „Für mich als landwirtschaftlicher Privatunternehmer ist die Sorge um den geschäftlichen Erfolg unseres Familienbetriebes am größten. Ich muss genau darauf achten, dass die betrieblichen Einnahmen auch die ständig steigenden Produktionskosten decken. Und es soll noch ein akzeptables Familieneinkommen übrigbleiben. In unserem Betrieb ist dafür die Gesundheit der Tiere die Hauptvoraussetzung. Besonders in der Schweinezucht verlangt dieser Bereich allerhöchste Aufmerksamkeit. Bedenken Sie, bei uns werden jährlich ca. 4000 Ferkel geboren."

1 Der Hof Boge hat sich vom Gemischtbetrieb zum Veredlungsbetrieb entwickelt. Erläutere die Begriffe anhand der Betriebsdaten von 1955 und 1995 (Tab. 2 und 3).
2 Beschreibe die Gebäudeentwicklung des Hofes. Werte dazu das Luftbild (1) aus.
3 Arbeite mit dem Schema (4):
a) Erläutere den Begriff Produktionskette und grenze die Rolle des Betriebs Boge darin ab.
b) Welche Zusammenhänge gibt es im Betrieb Boge zwischen Flächennutzung und Viehhaltung?
4 Stelle stichwortartig zusammen, wodurch in der landwirtschaftlichen Produktion Kosten entstehen.
5 Erläutere Merkmale des landwirtschaftlichen Strukturwandels am Beispiel der Entwicklung des Betriebs Boge.

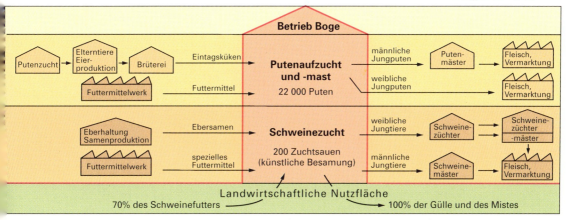

Betrieb Boge. Glied in einer Produktionskette der Veredlungswirtschaft.

Landwirtschaft zwischen Potenzial und Politik

Agrargenossenschaft Gleina

LPG (P) Gleina 1989
LF 4913 ha
Viehbestand:
10 000 Schafe
Arbeitskräfte:
549 (192 Frauen)

Agrargenossenschaft Gleina 1995
LF 3623
Viehbestand:
1 500 Rinder,
davon 350 Milchkühe;
620 Zuchtsauen
(13 000 Ferkel/Jahr);
2000 Schafe (2600 Lämmer/Jahr);
Arbeitskräfte:
107 (Agrargenossenschaft);
23 (Tochtergesellschaft)

Genossenschaft = Freiwillige Vereinigung von Mitgliedern zur Förderung des Erwerbs und der Wirtschaft ihrer Mitglieder durch gemeinsamen Geschäftsbetrieb.

Die Agrargenossenschaft in Gleina (Sachsen-Anhalt) war bis 1991 eine LPG. Als im Herbst 1989 das politische System in der DDR zusammenbrach, kam das Ende der staatlich gelenkten sozialistischen Planwirtschaft. Davon betroffen waren auch die Landwirtschaftlichen Produktionsgenossenschaften, LPG (P) und LPG (T). P stand für Pflanzenbau, T für Tierhaltung.
Als besondere Vorteile und Aufgaben der LPG galten:
– die Trennung von Pflanzenbau und Tierproduktion;
– die rationelle Pflanzenproduktion auf großen Flächen und die Tierproduktion in großen Beständen;
– die Selbstversorgung der DDR mit allen Grundnahrungsmitteln;
– finanzielle und soziale Gleichstellung der Arbeitskräfte mit Industriearbeitern.

Die Zeit nach der Neugründung der Agrargenossenschaft im Jahre 1993 war schwer. Das hing vor allem mit den veränderten Besitzverhältnissen zusammen: Während Ende der 50er Jahre alle Bauern in der DDR einer LPG beitreten mussten, können die früheren Eigentümer jetzt wieder über ihren Besitz verfügen. Mit ihnen musste die Genossenschaft Land-Pachtverträge schließen. Außerdem mussten diejenigen Besitzer ausgegliedert werden, die wieder als selbstständige Bauern auf ihren Flächen einen eigenen Betrieb gründen wollten (Wiedereinrichter).
Inzwischen kann die Agrargenossenschaft auf der Basis von sicheren Verträgen für die nächsten 12 Jahre ihre Zukunft planen. „Mit unseren großen Flächen und Tierbeständen", so der Vorstandsvorsitzende, Herr Boy, „haben wir betriebswirtschaftliche Vorteile gegenüber den herkömmlichen Familienbetrieben. So bewirtschaftet bei uns z. B. eine Arbeitskraft im Ackerbau 200 ha. Entsprechend gut sind unsere Maschinen ausgelastet. Ein zweiter wichtiger Punkt ist unsere Vielseitigkeit. Die natürlichen Bedingungen begünstigen Ackerbau und Sonderkulturen, wobei wir den Pflanzenbau zum Teil zur Futtererzeugung für unsere Viehwirtschaft betreiben und somit einen weiteren Produktionsbereich erschließen. Schließlich gehen wir mit zwei Hotels und einer Tankstelle unserer Tochtergesellschaft hier im Weinbaugebiet an der Unstrut ganz neue Wege."

Landwirtschaft zwischen Potenzial und Politik

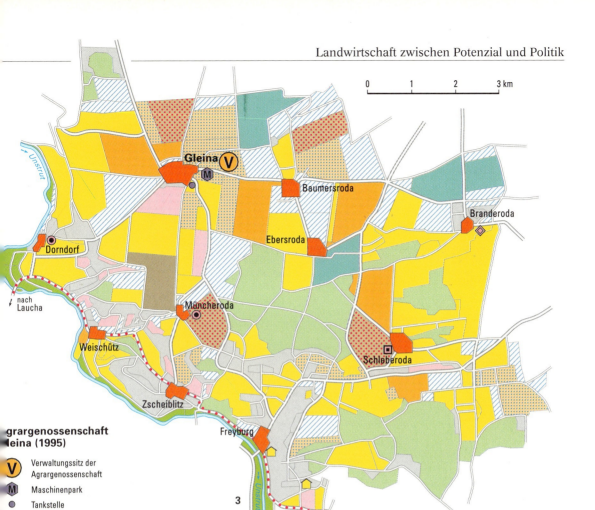

Agrargenossenschaft Gleina (1995)

- Ⓥ Verwaltungssitz der Agrargenossenschaft
- Ⓜ Maschinenpark
- ● Tankstelle
- ◻ Kühe / Rinder
- ◇ Schweine
- ⊙ Schafe
- ⬠ Hotel der Genossenschaft
- ▨ Wiedereinrichter

Bodennutzung
- Wald
- Grünland (z.T. Schafweide)
- Saatgutvermehrung
- Luzerne
- Zuckerrüben
- Mais
- Kartoffeln
- Getreide
- Obst- / Weinbau
- Stilllegungsfläche / Ödland
- Öffentliche Straße
- Flurweg
- geplante "Weinstraße" Saale - Unstrut

Bodennutzung (in ha)	LPG Gleina 1986	Agrargenossenschaft 1995
Wintergetreide	1580	1409
Sommergetreide	620	469
Saatgutvermehrung (Gras, Bohnen, Erbsen, Sonnenblumen)	996	559
Zuckerrüben	460	184
Futterrüben	45	–
Kartoffeln	175	88
Mais	108	205
Luzerne	200	12
Grünland	249	137
Äpfel	145	14
Weinreben	133	114
Stilllegungsflächen	–	563
Ödland	–	203

4

1 Suche den Raum Gleina in einer geeigneten Atlaskarte und beschreibe Lage und natürliche Bedingungen.

2 Karte (3):
a) Beschreibe die Verteilung der verschiedenen Nutzflächen und die Standorte von Verwaltung, Maschinenpark und Tierhaltung. Welche Probleme ergeben sich daraus?
b) Charakterisiere die Lage der Nutzfläche der Wiedereinrichter.
c) Welcher Zusammenhang besteht zwischen den Hotelbetrieben der Agrargenossenschaft und der geplanten Weinstraße?

3 Erarbeite betriebsstrukturelle Unterschiede zwischen der ehemaligen LPG (P) und der heutigen Agrargenossenschaft.

4 Worin sieht Herr Boy die grundsätzlichen Vorteile eines genossenschaftlichen Großbetriebes gegenüber mittleren Familienbetrieben?

Landwirtschaft zwischen Potenzial und Politik

Landwirtschaft in der Europäischen Union

Landwirtschaftliche Betriebe in den Staaten der EU 1993

	Zahl der Betriebe insgesamt	Von den Betrieben hatten eine Größe unter 20 ha	über 50 ha	Beschäftigte in der Landwirtschaft
Belgien, Lux.	79 700	53 800	6 600	89 600
Dänemark	73 800	30 700	16 400	100 000
Deutschland	606 100	398 500	65 700	788 300
Finnland	191 900	150 100	5 500	200 500
Frankreich	801 300	402 400	193 600	1 007 000
Griechenland	819 200	795 900	3 200	628 400
Großbritannien	243 500	104 700	79 900	408 600
Irland	159 400	83 600	18 900	233 800
Italien	2 488 400	2 354 400	40 600	1 626 300
Niederlande	119 700	82 600	6 800	216 900
Österreich	267 400	192 200	17 000	319 400
Portugal	489 000	464 700	9 400	559 600
Schweden	91 500	51 600	15 400	137 000
Spanien	1 383 900	1 176 400	92 700	952 700

1

Die Landwirtschaft in der EU bietet ein buntes Bild. Die natürlichen Voraussetzungen sind ja sehr unterschiedlich: warmes Klima in den Ländern am Mittelmeer – kühles Klima in Schottland oder Dänemark; gute Ackerböden in den Marschen und in den Börden-Landschaften – ungünstige Böden in den Alpen oder in Zentral-Spanien. Die Bauern müssen diese natürlichen Bedingungen berücksichtigen.

Doch auch sonst hat sich die Landwirtschaft in den Ländern der EU ganz unterschiedlich entwickelt. Die Agrarpolitik der Union soll Rücksicht nehmen auf diese Unterschiede. Es beginnt schon mit der Zahl und der Größe der Betriebe.

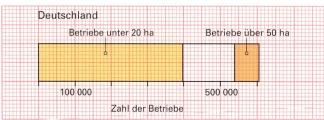

2

Viehbestand 1993 und 1995 (Angaben in 1000)

	Rinder 1993	1995	Schweine 1993	1995	Schafe, Ziegen 1993	1995
D	15 897	15 890	26 075	23 737	2 458	2 483
B, L	3 303	3 351	6 963	7 283	173	132
DK	2 115	2 094	10 870	10 709	87	77
FIN	1 232	1 148	1 309	1 400	67	121
F	20 328	20 662	12 564	14 524	11 451	11 117
GR	629	550	1 040	936	15 108	14 718
GB	11 708	11 673	7 869	7 503	29 333	28 431
IRL	6 265	6 532	1 423	1 542	6 134	5 583
I	7 783	7 128	8 307	7 964	11 724	11 988
NL	4 794	4 558	13 709	13 958	2 036	1 285
A	2 334	2 326	3 820	3 706	381	419
P	1 345	1 317	1 423	2 400	6 983	4 239
S	1 871	1 762	2 268	2 331	471	466
E	5 018	5 432	18 234	17 583	26 819	24 994

3

Viehbestand 1993
- Rinder
- Schweine
- Schafe und Ziegen

4

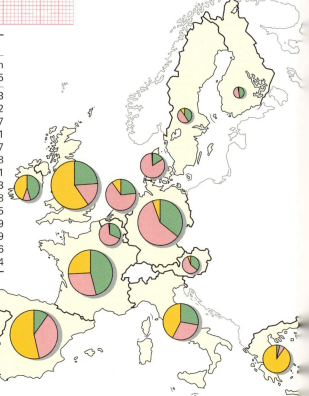

Landwirtschaft zwischen Potenzial und Politik

Einige Vorschläge für eure Arbeit mit den Materialien auf dieser Doppelseite:

1 Tabelle 1: Wenn ihr die Zahlen in ein Diagramm verwandelt, werden die Zusammenhänge deutlicher. Zeichnet wie beim Beispiel Deutschland (Abb. 2).

2 Beschreibe die Landwirtschaft der einzelnen Länder – Beispiel:
In Irland gibt es kaum Ackerbau, jedoch viel Viehwirtschaft, vor allem Rinder-, Schaf- und Ziegenhaltung. Rund ein Viertel der Betriebe sind Kleinbetriebe. Landwirtschaftliche Erzeugnisse machen etwa ein Viertel der irischen Ausfuhr aus.

3 Frankreich und die Niederlande sind die wichtigsten Agrarländer in Europa. Begründe diese Behauptung (Grafik 6).

4 In einigen Ländern arbeiten sehr viele Menschen in der Landwirtschaft. Untersucht, ob dies Länder sind, die besonders viele landwirtschaftliche Erzeugnisse produzieren und exportieren.

5 Die Angaben der Tabelle (5) werden viel anschaulicher, wenn ihr eine ähnliche Karte wie die Karte „Viehhaltung" (4) zeichnet:
a) Zeichnet eine grobe Umrisskarte von Europa, etwa im Maßstab 1 : 1 Mio. Zeichnet für jedes Land ein Säulendiagramm der Haupt-Feldfrüchte und setzt es in den Länderumriss hinein. Geht vor wie im Beispiel Frankreich und wählt für 1 Mio. t eine Säulenhöhe von 1 mm.
b) Erläutert das Ergebnis.

Ausfuhr der Staaten in der EU 1993

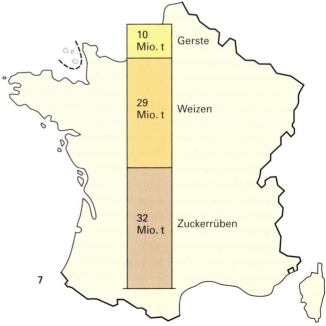

6

Haupt-Feldfrüchte 1993 und 1995 (Angaben in Mio. t)

	Zuckerrüben		Weizen		Gerste	
	1993	1995	1993	1995	1993	1995
D	29	26	16	18	11	13
B, L	6	5	1	2	–	–
DK	4	3	4	5	3	4
FIN	1	1	–	–	2	2
F	32	30	29	31	10	8
GR	3	3	2	2	–	–
GB	9	9	13	14	6	7
IRL	1	1	1	1	1	1
I	11	13	8	8	2	1
NL	7	6	1	1	–	–
A	3	3	1	1	1	1
P	–	–	–	–	–	–
S	3	2	2	2	2	2
E	9	7	5	5	10	5

(Mengen unter 1 Mio. t sind nicht aufgeführt)

5

7

Die Agrarpolitik in der EU – wie soll es weitergehen?

Ein Landwirt: „Meine Verkaufserlöse decken nicht mehr die Kosten. Maschinen, Dünger und alles, was ich sonst noch für meinen Betrieb brauche, wird immer teurer. Aber für meine Erzeugnisse bekomme ich zum Teil weniger Geld als früher!"

Ein Steuerzahler: „Butter wird auf dem Weltmarkt verschleudert, Obst wird vernichtet. Und wir müssen immer mehr Geld für die EU bezahlen. Was ist das eigentlich für eine Agrarpolitik?"

In der EU wird der Preis von Agrarprodukten nicht wie sonst in der Wirtschaft üblich von Angebot und Nachfrage bestimmt, sondern jedes Jahr neu von der EU festgelegt. Der Grund: Als 1957 die EWG gegründet wurde, wollten die Politiker vor allem die Versorgung der Bevölkerung mit Nahrungsmitteln zu günstigen Preisen sicherstellen. Als Produktionsanreiz wurden den Landwirten feste Preise garantiert. Gleichzeitig wurde der Import von billigen Nahrungsmitteln in die Staaten der EWG durch „Zölle" erschwert.

Und so hat der Agrarmarkt bis 1992 funktioniert:

Beispiel 1: Handel innerhalb der EU
Ein Landwirt will Gerste verkaufen, es werden ihm von einer Brauerei 25 DM/dt angeboten. Der von der EU festgelegte Interventionspreis beträgt zu dieser Zeit 30 DM/dt.

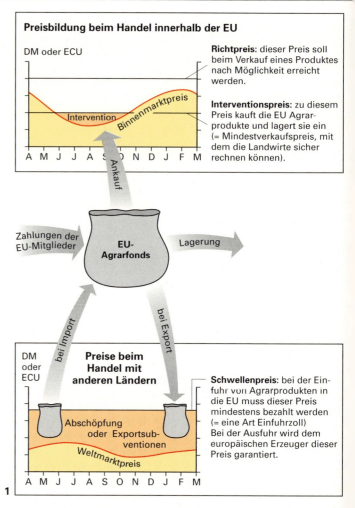

1

1 Was wird der Landwirt mit seiner Gerste wohl tun? Arbeite mit dem Schema (1).

Beispiel 2: Handel mit Ländern außerhalb der EU, sogenannten Drittländern
a) Eine Futtermittelfabrik will Weizen kaufen. Ein amerikanischer Getreidegroßhändler bietet ihn für 24 DM/dt frei deutschem Hafen an. Der Schwellenpreis für Weizen liegt zu der Zeit bei 39 DM/dt.

b) Aus Frankreich sollen Weizenüberschüsse nach Indien verkauft werden. Der Weltmarktpreis, den die indische Regierung bezahlen will, beträgt 26 DM/dt. In der EU liegt der Interventionspreis für Weizen zur gleichen Zeit bei 30 DM/dt, der Schwellenpreis bei 39 DM/dt.

2 Arbeite mit dem Schema (1):
a) Welche Beträge an welche Empfänger muss die Futtermittelfabrik für den amerikanischen Weizen bezahlen?
b) Woher bekommt der französische Exporteur sein Geld?

Landwirtschaft zwischen Potenzial und Politik

Grad der Selbstversorgung mit landwirtschaftlichen Erzeugnissen in den Staaten der EU (in Prozent; 1995)

	D	B/L	DK	FIN	F	GR	GB	IRL	I	NL	A[1]	P	S	E	EU 15[1]
Getreide	106	51	126	65	177	105	105	70	81	25	110	38	109	79	114
Zucker	135	204	187	75	208	80	59	152	96	169	123	2	89	96	140
Gemüse	38	130	–	79[1]	71[1]	130[1]	64[1]	85[1]	122	256	71	148	–	139	–
Wein	52	67[2]	0	0	105	86	0	0	120	0	–	74	–	123	97[3]
Fleisch	81	169	359	108[1]	113	64[1]	89	331[1]	75[1]	231	110	84[1]	97	102	105
Frischmilcherz.[4]	110	136	104	100	102	98	97	101	94[1]	88	98	100[1]	100	96[1]	101
Eier	73	144	103	123	101[1]	97[1]	96	95	98[1]	250[1]	88	102[1]	101	99[1]	103

– = keine Angaben   [1] = 1994   [2] = nur Luxemburg; B: 0 %   [3] = EU 12   [4] = ohne Sahne

2

Das Geld, das durch die Abschöpfung in den Agrarfonds der EU fließt, wird benötigt
- für Exportsubventionen,
- für den Aufkauf von landwirtschaftlichen Produkten zum Interventionspreis und
- für die Lagerung der aufgekauften Produkte.

Aufgrund der festgesetzten Preise wurde in den letzten Jahrzehnten so viel produziert, dass sich oft „Fleisch- und Butterberge" oder „Milchseen" gebildet haben, die dann mit hohen Kosten wieder abgetragen werden mussten. Butter wurde z. B. zu einem niedrigen Preis an Russland verkauft, oder Rinderhälften wurden in die Sahelstaaten exportiert.

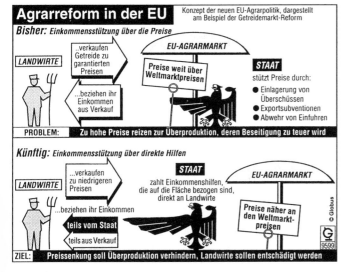

3 Erläutere das Schema (3).
4 a) Bei welchen Produkten wurden in der EU besonders hohe Überschüsse erzeugt?
b) Welche Länder tragen besonders zur Überschussproduktion bei? Tabelle (2).

Erst 1992 gab es Veränderungen:
- Die Interventionspreise wurden gesenkt (z. B. bei Getreide), oder es werden nur noch für eine bestimmte Menge von Produkten die Aufkaufpreise garantiert (z. B. bei Milch durch die Einführung von „Milchquoten").
- Die Landwirte erhalten Prämien für die Stilllegung von Flächen.
- Die Produktion von nachwachsenden Rohstoffen wird gefördert (z. B. Sonnenblumen).
- Gefördert werden auch Maßnahmen zur Extensivierung der Nutzung von Wiesen, Weiden, Ackerflächen und Dauerkulturen, ebenso ökologische Anbauverfahren.

Die Einkommenseinbußen, die die Landwirte dadurch erleiden, werden durch direkte Zahlungen der Bundesregierung ausgeglichen.

5 Auf den nächsten beiden Doppelseiten findet ihr Informationen und Meinungen zur Landwirtschaft. Vielleicht könnt ihr noch weitere Beiträge sammeln, aus Zeitungen oder in Gesprächen mit Landwirten, die jemand kennt. Bildet Gruppen, dann könnt ihr eine Diskussionsrunde in eurer Klasse durchführen: Wie soll es weitergehen?

Landwirtschaft zwischen Potenzial und Politik

Wie soll es weitergehen?
Vier Experten – vier verschiedene Lösungsvorschläge. Dazu ein weiterer Lösungsvorschlag auf der nächsten Doppelseite (Flächenstilllegung).

Bauern ohne Zukunft?
Auf vielen unserer Höfe herrscht die pure Existenzangst. Seit Jahren leben wir von der Substanz und viele von uns sind in die roten Zahlen abgerutscht. Mit klugen Sprüchen aus Bonn oder aus Brüssel ist uns nicht mehr geholfen.
Ich rede nicht von den Eierfarmen am Rande der Großstadt oder dem stolzen Schweinemäster mit 5000 Tieren im Stall. Ich rede von dem ganz normalen Bauern in der Lüneburger Heide, in der Eifel und vielerorts in Europa, mit 10, 15 oder 20 ha Nutzfläche. Viele von uns haben nämlich große Nachteile allein durch ihren Standort. Deshalb brauchen wir gezielte Hilfen. Das Gießkannenprinzip der Marktordnungen ist ungerecht. Wir alle sind beteiligt an der stolzen Leistungsbilanz unserer Landwirtschaft und der Erhaltung unserer Landschaft. Und denken Sie auch mal an die Zukunft unserer Landjugend. Sie ist oft gut ausgebildet und möchte vielfach auf dem Land bleiben. Nur braucht sie eine Perspektive!

(Vertreter des Bauernverbandes)

Alternativer Anbau
Zu viele Landwirte haben sich heute einer spezialisierten Produktion verschrieben, die mit immer mehr Technik und chemischen Düngemitteln künstlich in die Höhe getrieben wird. Die Folge sind nicht nur die sinnlosen Überschüsse, sondern auch die Sorgen der Bevölkerung um eine gesunde Ernährung, um die Belastung des Grundwassers und eine Verödung der Landschaft durch immer größere Felder. Wir können doch nicht wollen, dass es so weitergeht? Wozu auch? Es gibt keinen vernünftigen Grund für eine Fortsetzung der Überschussproduktion. Wir können die Agrarproduktion einschränken, ohne unsere Versorgung zu gefährden und erweisen damit gleichzeitig der Natur einen großen Dienst.
Der Anbau landwirtschaftlicher Erzeugnisse mit organisch biologischen Methoden wird bisher leider nur von wenigen mutigen Einzelgängern unter den Landwirten vorgemacht. Natürlich sind dabei die Erträge geringer und die Produkte müssen etwas teurer verkauft werden, damit der „Ökobauer" auch überleben kann. Doch angesichts der verschleuderten Steuermilliarden für die Lagerung der Überschüsse halte ich die Förderung der ökologischen Landwirtschaft für sehr überlegenswert.

(Professor für Agrarpolitik)

Landwirtschaft in Niedersachsen			
Jahr	um 1950	um 1970	um 1990
Betriebe	248 073	159 892	91 241
Beschäftigte	1 583 256	467 469	251 093
Fläche (ha)/Betrieb	11	18	30
Fläche (ha)/Beschäftig.	2	6	11
Rinder/Halter	9	20	60
Schweine/Halter	7	30	148

4

Landwirtschaft zwischen Potenzial und Politik

Regelung über eine neue EU-Politik

Seit Errichtung der Gemeinschaft hat sich die Versorgung der Bevölkerung mit Nahrungsmitteln quantitativ und qualitativ deutlich verbessert. Spektakuläre Preisschwankungen konnten vermieden werden. Der Glaube der Bevölkerung an die europäische Idee ist gewachsen. Natürlich brachte die Entwicklung auch Probleme. Die Produktionsmengen stiegen sehr schnell, sie mussten dem Bedarf angepasst werden. Quotenregelungen, d.h. Beschränkungen bei der Milch, Rindfleisch- und Getreideproduktion, aber auch Abnahme- und Preisgarantien für bestimmte Produkte, brachten nicht den erwünschten Erfolg. Unsere neue Agrarreform von 1992 soll den Teufelskreis aus hohen Preisen und Überschussproduktion durchbrechen und gleichzeitig zur Entwicklung und Wiederbelebung des ländlichen Raumes beitragen. Kernstück der Maßnahmen sind Preissenkungen bei den wichtigsten Agrarerzeugnissen und Flächenstilllegungen. Als Entschädigung für ihre Einkommensverluste erhalten die Landwirte Direktbeihilfen. Den Großteil ihres Einkommens werden die Landwirte auch künftig über den Markt erwirtschaften: Einkommensbeihilfen kommen lediglich ergänzend hinzu.

(EU-Sprecher)

Neue Wege – nachwachsende Rohstoffe

Durch die Reform der gemeinsamen Agrarpolititk wird der Anbau nachwachsender Rohstoffe für die Landwirte attraktiver. Nun ist es möglich, auf der gesamten stillgelegten Fläche bei voller Hektarprämie nachwachsende Rohstoffe zu erzeugen. Dazu gehören alle Erzeugnisse, die nicht in der Nahrungsmittelproduktion Verwendung finden. So können Gräser, Chinaschilf, Raps oder Sonnenblumen zur Energiegewinnung (Biodiesel, Bioethanol) genutzt werden oder sie liefern Öle und Fette für den chemisch-technischen Bereich. Kartoffeln, Getreide oder Mais liefern Stärke für viele Produkte des täglichen Gebrauchs wie für Papier, Klebstoffe, Shampoo oder Zahnpasta. Umweltpolitisch bedeutet die Verwendung von nachwachsenden Rohstoffen einen Fortschritt, da diese Produkte dem natürlichen Stoffkreislauf angepasst sind und biologisch schnell und vollständig abgebaut werden. Auch wenn heute noch nicht alle Produkte rentabel sind, so bieten uns die nachwachsenden Rohstoffe für die Zukunft eine unerschöpfliche Quelle und helfen, unsere natürliche Umwelt zu schonen und zu erhalten. Und den Landwirten eröffnen sie neue Anbaumöglichkeiten und Absatzmärkte.

(Beraterin der Landwirtschaftskammer)

Gewusst wie …
man einen Text auswertet

Flächenstilllegung – auf weniger Land mehr produzieren!

Gliederung

Definition Flächenstilllegung

Kritik des Verfassers mit Zahlenbeispielen

negative Auswirkungen

eigene Vorschläge des Verfassers

In ihrem schwierigen Kampf gegen die eigene Agrarüberproduktion hat die EG eine neue Waffe ersonnen. Flächenstilllegung heißt die Devise. Die Herausnahme von Nutzflächen aus der Produktion gegen Entgelt soll die übervollen Märkte entlasten und gleichzeitig die Wünsche von Natur- und Umweltschutz befriedigen. Mittels Stilllegungsprämien von 240–1680 DM pro Hektar und Jahr sollen Landwirte bis zu zwanzig Prozent ihrer Ackerflächen auf fünf Jahre brachlassen bzw. nach Vorgaben extensivieren.[30] Die Überproduktionsprobleme können damit kaum gelöst werden, wie ein Beispiel zeigt: 25 Millionen Tonnen Getreideüberschüsse in der EG entsprechen fünf Millionen Hektar Anbaufläche. 300 000 ha wurden in 3 Jahren auf dem Gebiet der alten BRD aus der Produktion genommen, bei 50 dt/ha eine um 150 000 Tonnen (das entspricht gerade 1 % der Brotgetreideerzeugung 1991) verringerte Getreideernte. 1991 kamen noch 600 000 ha aus den neuen Bundesländern (13 % der Anbaufläche) hinzu.[30a] Bereits die jährlich zwei- bis dreiprozentige Ertragssteigerung durch verbesserte Anbautechnik macht diese Reduzierung zunichte. Für Intensivproduktionsgebiete mit knappen Flächen sind die angebotenen Prämien zu gering, in den anderen Regionen dagegen wurden mit diesem Angebot die schlechteren Böden herausgenommen. Die Agrarproduktion wird zum Schaden von Boden und Grundwasser auf eine kleiner werdende, intensiver bewirtschaftete Fläche konzentriert, und die dafür bereitgehaltenen Mittel fehlen für sinnvolle, wichtige Reformen. Aus einer Zweiteilung von Natur und Landwirtschaft sind weder positive Effekte für die Umwelt noch eine Lösung der Überschussprobleme zu erwarten.[31]

Wirklich sinnvoll wäre hingegen eine Extensivierung der Produktion auf der ganzen Nutzfläche und die Erhaltung historisch gewachsener und landschaftsprägender Bewirtschaftungsformen wie der Weidegang der Kühe oder die Heubereitung. Mit intensitätsmindernden Maßnahmen, zum Beispiel der Besteuerung mineralischer Stickstoffdünger, dem Verbot von Halmverkürzungsmitteln, einer Beschränkung von Futtermittelimporten und flächengebundener Tierhaltung könnten der Überproduktion leichter ein Ende gesetzt und Umweltprobleme gelöst werden.[32]

Anmerkungen

Ironie!

= weniger intensiv nutzen

= Gunsträume

Schäden, aber nur auf intensiv genutzten Böden.

überzogen! (auf stillgelegten Flächen gibt es positive Effekte)

wirklich „gelöst"?

[30] Bonn betont eigene Agrarinteressen, in: Süddeutsche Zeitung, 30. 6. 88
Den Bauern winken 2000 DM Rente, ebenda, 11. 3. 88
Brüssel will Agrarpreise einfrieren, ebenda, 24. 3. 88
Kiechle: Flächenstilllegung wird Erfolg, Landshuter Zeitung, 30. 6. 88
[30a] Statistisches Jahrbuch über Ernährung, Landwirtschaft und Forsten 1991
[31] Poppinga, O., Schmidt, G.: Die zwei Wege landwirtschaftlicher Reformen, Rheda-Wiedenbrück 1986
(8 weitere Textzeilen wurden vom Autor aus Platzgründen fortgelassen.)
[32] Rat der Sachverständigen für Umweltfragen: Umweltprobleme der Landwirtschaft, Sondergutachten, Bonn, März 1985, insbes. 5.7.4.Stickstoffabgabe mit Ausgleichszahlungen als Empfehlung.

Quelle: Frieder Thomas und Rudolf Vogel: Gute Argumente: Ökologische Landwirtschaft, München: Beck 1993, S. 25

man einen Text auswertet

Texte zählen zu den häufigsten Arbeitsmaterialien, mit denen wir zu tun haben. Für sie gelten ähnliche Regeln der Bearbeitung und Auswertung wie für Tabellen, Bilder usw.
Im ersten Schritt werden unbekannte Begriffe geklärt.

1 Überlege, welche Bedeutung bei unserem Text die Fußnoten haben.

Die Hervorhebungen im Textbeispiel stammen vom Autor dieser Doppelseite. Dies wäre sonst der nächste Arbeitsgang: das Markieren von wichtigen Begriffen und kurzen Passagen.
Der nun folgende Schritt der Textauswertung besteht darin, den Inhalt und die Gliederung genau zu erfassen. Diesem Zweck dienen auch die **Marginalien** links neben dem Text.
Auf dieser Basis läßt sich eine **Strukturskizze (1)** erstellen, die die wichtigsten Gedanken knapp und übersichtlich darstellt. Hierzu werden viele der zuvor markierten Begriffe übernommen, wie das Beispiel rechts oben zeigt.

2 Suche in diesem Erdkundebuch oder aus anderen Quellen kurze geschlossene Sachtexte und fertige zu Übungszwecken Strukturskizzen an.

Die Marginalien rechts neben dem Text dienen dazu, eigene Erläuterungen und Anmerkungen zum Text festzuhalten und bestimmten Textstellen zuzuordnen. Dabei fließen auch schon erste Kommentare mit ein. Dies sind die Vorbereitungen für den letzten Schritt: Bewertung des Textes aus der eigenen Sicht. Dabei muss man sich über die Absichten des Verfassers im Klaren sein.

3 Formuliere in wenigen Sätzen, welche Absicht der Verfasser verfolgt und an wen er sich wendet.

4 Welche Hilfen zum Textverständnis bietet der Titel des Buches, aus dem der Beispieltext stammt?

Strukturskizze

Flächenstilllegung ⇒ Ziele: – Märkte entlasten
　　⇓　　　　　　　　　　　– dem Umweltschutz dienen
Umfang:　alte Bundesländer = 300 000 ha in 3 Jahren
　　　　　neue Bundesländer = 600 000 ha (1991)

Kritik des Verf.: jährlich 2–3 % Produktionssteigerung, daher keine Reduzierung der Gesamtproduktion

Negative Auswirkungen: Intensivere Nutzung führt zu Schäden für Boden und Grundwasser

Flächenstilllegung = keine Lösung für a) Umweltprobleme
　　　　　　　　　　　　　　　　　　　b) Überproduktion

Vorschläge des Verfassers:
Sinnvoll wäre:　– Extensivierung auf gesamter Anbaufläche
　　　　　　　　– Erhaltung alter Wirtschaftsformen
　　　　　　　　– intensitätsmindernde Maßnahmen
Ergebnis wäre:　– Überproduktion beendet
　　　　　　　　– Umweltprobleme gelöst

Sehr wichtig ist die kritische Distanz zum Text, zu dem man sich eine eigene Meinung bilden muss.

5 Wo weichen die Meinungen des Verfassers des Beispieltextes und die des Autors dieser Doppelseite voneinander ab (siehe Marginalien)? Welches ist deine Position?

6 Benenne Vorzüge und Schwächen des Beispieltextes.

Schritte und Leitfragen einer Textauswertung

1. Schritt: ORIENTIERUNG
– Wie lautet die Überschrift?
– Welches ist das Thema des Textes?
– An wen richtet sich der Text?
– Wo und wann wurde der Text veröffentlicht?

2. Schritt: TEXTERSCHLIESSUNG
– Welche unbekannten Begriffe müssen geklärt werden?
– Welches sind die wichtigsten Aussagen? (Markieren!)
– Wo informiert, wo wertet der Verfasser?
– Strukturskizze anfertigen

3. Schritt: WERTUNG
– Treten sachliche oder logische Fehler auf?
– Überzeugen die Auffassungen des Verfassers?
– Wird versucht, die Meinung des Lesers zu beeinflussen?

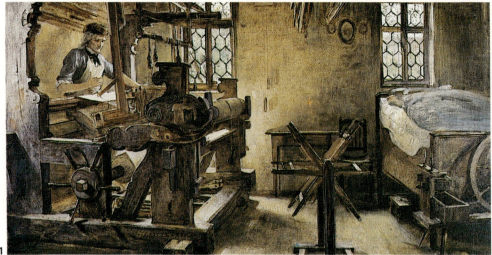

1 Weber im 19. Jahrhundert

Industrie im

Kaum etwas hat die Welt so verändert wie die Maschine, die uns von schwerer Arbeit entlastet. Die ersten Maschinen wurden noch mit Muskelkraft angetrieben, dann kamen die Wasserkraft, die Dampfkraft und schließlich die elektrische Kraft. Die Maschine hat die Produktion ins Ungeahnte gesteigert. Sie stellt die Güter in einer Qualität her, die von Menschenhand kaum zu erreichen ist.

Die Fabriken mit ihren Maschinen haben unsere Wirtschaft, Gesellschaft und Umwelt so geprägt, dass man von einem Industriezeitalter spricht. Es gab Zeiten, da arbeitete jeder zweite Deutsche in der Industrie. In anderen Ländern Europas und der Welt war es ähnlich.

Inzwischen geht die Zahl der Arbeitskräfte in der Industrie drastisch zurück. Sind wir auf dem Weg in das nachindustrielle Zeitalter? Was sind die Ursachen für diesen Wandel? Welche Chancen, welche Probleme bringt er mit sich?

2 Moderne Weberei in Hof

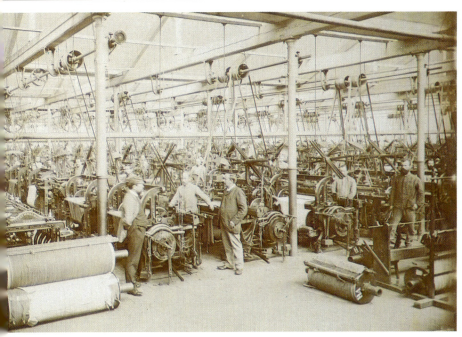

Weberei in Mönchengladbach um 1900

Wandel

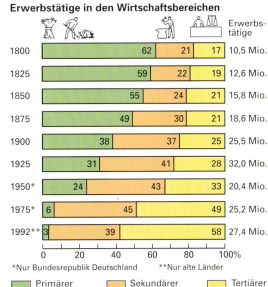

Erwerbstätige in den Wirtschaftsbereichen

Jahr	Primär	Sekundär	Tertiär	Erwerbstätige
1800	62	21	17	10,5 Mio.
1825	59	22	19	12,6 Mio.
1850	55	24	21	15,8 Mio.
1875	49	30	21	18,6 Mio.
1900	38	37	25	25,5 Mio.
1925	31	41	28	32,0 Mio.
1950*	24	43	33	20,4 Mio.
1975*	6	45	49	25,2 Mio.
1992**	3	39	58	27,4 Mio.

*Nur Bundesrepublik Deutschland   **Nur alte Länder

Primärer Sektor   Sekundärer Sektor   Tertiärer Sektor

4

Ein Betrieb schließt

Gerüchte gab es schon lange. Dennoch war der Schock groß, als die Bielefelder es aus der Zeitung erfuhren: Die Ravensberger Spinnerei, ein traditionsreiches Textilunternehmen, steckte in einer Krise und musste den Betrieb einstellen. 150 Mitarbeiterinnen und Mitarbeiter waren davon betroffen, aber nicht nur sie. Wie reagierten die Menschen auf die Betriebsschließung?

Ilse M., Vorarbeiterin: „Man hatte mich schon gewarnt, dass ich entlassen werden soll. Aber eine andere Arbeit finde ich kaum. Wer nimmt schon eine Frau mit 53 Jahren? Ich bin alleinstehend, wovon soll ich jetzt leben?"

Hedwig K., Verkäuferin im Supermarkt: „In unserem Stadtteil wohnen viele aus der Fabrik. Wenn die kein Geld mehr haben, werden wir es schnell merken. Der Chef hat schon gesagt, wenn der Umsatz hier weiter fällt, ist der Laden nicht mehr zu halten. Und was mache ich dann? Ich kann ja wegen der Kinder nur halbtags arbeiten."

Horst W., Mitarbeiter im Amt für Wirtschaftsförderung der Stadt: „Wenn es nur bei den 150 Arbeitsplätzen bleiben würde. Aber wir müssen damit rechnen, dass auch Zulieferanten und Handwerksbetriebe, die für das Unternehmen tätig waren, Probleme kriegen. An die Steuerausfälle darf ich gar nicht denken. Die Bürger werden es merken, wenn wir Leistungen kürzen müssen."

Maren S.: „Ich hatte mich gerade in der Spinnerei um eine Ausbildungsstelle beworben. Ich wollte dort Industriemeisterin werden. Das wäre interessant geworden, denn ich wollte was mit Mode zu tun haben. Damit ist es jetzt wohl aus. Und wo finde ich nun noch eine andere Stelle?"

> **Ältester Industriebetrieb Bielefelds steht vor dem Konkurs**
>
> Der älteste Bielefelder Industriebetrieb, die Ravensberger Spinnerei, steht vor dem Konkurs. Einst besaß die Aktiengesellschaft (seit 1854) die größte Flachsspinnerei Europas. Als die Leinenindustrie in den 60er Jahren in die Krise geriet, stellte der Betrieb auf hochmodische Garne um. Die rasch wechselnden Trends in diesem Genre haben die Firma tief in die roten Zahlen gestürzt. Knapp 300 Arbeitskräfte beschäftigt die Ravensberger Spinnerei, davon rund 150 in Bielefeld. Die Gewerkschaft kämpft um den Erhalt der Arbeitsplätze. Dr. Rolf Westhaus vom Arbeitgeberverband bedauerte: „Die Bielefelder Industriegeschichte ist durch die Ravensberger Spinnerei wesentlich mitgeschrieben worden. Für unseren Standort wäre ihr Ausscheiden ein besonders schmerzlicher Verlust."

1

Die Ravensberger Spinnerei ist kein Einzelfall. 1960 gab es in Bielefeld noch 126 Textil- und Bekleidungsfabriken mit 13 000 Beschäftigten, zumeist Frauen. 1992 sind davon 34 Betriebe mit 4800 Beschäftigten übrig geblieben. Ein ähnlich dramatischer Schrumpfungsprozess hat die gesamte Textil- und Bekleidungsindustrie in Deutschland erfasst. Sie hat in den letzten 30 Jahren über 440 000 Arbeitsplätze verloren. Drei Ursachen sind dafür verantwortlich.

1. Der **technische Fortschritt** sorgt dafür, dass immer leistungsfähigere Maschinen gebaut werden. Würde man beispielsweise unsere Textilproduktion von heute mit dem Handwebstuhl des letzten Jahrhunderts erzeugen, bräuchte man statt 230 000 Beschäftigten 3 300 000! Wo sollten sie herkommen? Wer könnte sie alle angemessen bezahlen? Die Leistung einer Arbeitskraft, ihre **Produktivität**, ist also erheblich gestiegen. Und mit der Produktivität sind die Löhne gestiegen.

2. Die Nachfrage nach Textilprodukten

Industrie im Wandel

bleibt hinter dem Wachstum der gesamten Wirtschaft zurück. Natürlich bemüht sich die Industrie, ihren Absatz zu steigern, indem sie modische Artikel entwickelt und neue Anwendungsbereiche für ihre Produkte erschließt. Auch die Ravensberger Spinnerei hat das versucht. Dennoch geben wir von unserem steigenden Einkommen anteilmäßig immer weniger für Textilien und Bekleidung aus.

3. Die deutschen Maschinenbauer verkaufen ihre leistungsfähigen vollautomatischen Spinn- und Webanlagen nicht nur in Deutschland, sondern überall in der Welt – auch in der Dritten Welt. Viele Entwicklungsländer können deshalb bei niedrigem Lohnniveau ihre Waren billig auf unserem Markt anbieten. Sie verdrängen einheimische Firmen, die nicht mehr konkurrenzfähig sind.

Viel steht auf dem Spiel, wenn Betriebe schließen müssen; mehr noch, wenn ein ganzer **Industriezweig** in die Krise gerät und schrumpft. Besonders alte Industriezweige wie die Textilindustrie und die Bekleidungsindustrie, die Eisen- und Stahlerzeugung oder der Schiffbau sind bedroht.

1 Stelle anhand der vier Personen zusammen, wer von der Schließung des Betriebes besonders betroffen ist.

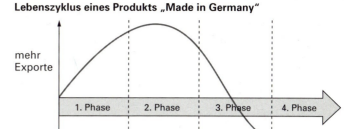

Lebenszyklus eines Produkts „Made in Germany"

	1. Phase	2. Phase	3. Phase	4. Phase
	neues Produkt Technologie ist wichtig	Beginn der Massenproduktion Preise sinken	zunehmende Konkurrenz durch billigere Anbieter	„altes" Produkt Lohnniveau ist wichtig

3

2 Was in Bielefeld passiert ist, ist möglicherweise auch schon in deiner Umgebung passiert. Berichte. (Frage deine Eltern, oder sammle Informationen im nächsten Stadt- oder Zeitungsarchiv.)

3 Wähle einen schrumpfenden und einen wachsenden Industriezweig aus und schreibe Gründe für ihre unterschiedliche Entwicklung auf (Abbildung 2).

4 Interpretiere Abbildung (3).
a) Was für ein anderes Produkt ist noch geeignet, um die Kurve zu erläutern?
b) Warum sind gerade alte Industriezweige von der Krise bedroht?

5 Ein reiches Angebot an Textil- und Bekleidungswaren in den Geschäften und eine Krise der entsprechenden Industriezweige. Wie passt das zusammen?

Veränderung der Beschäftigten in wichtigen Industriezweigen zwischen 1977 und 1992 (alte Bundesländer)

Industriezweig	Veränderung
Luft- und Raumfahrzeugbau	+84%
Kunststoffverarbeitung	+94%
Büromaschinenbau, Datenverarbeitung	+15%
Straßenfahrzeugbau	+29%
Leichtmetallindustrie (z.B. Aluminium)	+10%
Elektroindustrie	+10%
Chemische Industrie	+11%
Maschinenbau	+20%
Metallwarenherstellung	+20%
Industrie insgesamt	+10%
Nahrungsmittelindustrie	+19%
Feinmechanische und optische Industrie	+7%
Mineralölverarbeitung	–6%
Gummiverarbeitung	–9%
Steinkohlenbergbau	–3%
Druckerei und Vervielfältigung	+25%
Holzverarbeitung	+10%
Stahlbau und Leichtmetallbau	+52%
Eisenverhüttung und Stahlerzeugung	–39%
Bekleidungsindustrie	–33%
Textilindustrie	–33%
Schiffbau	–22%

Industrie im Wandel

Das erste Fließband in Detroit (1911)

Autobau früher und heute

Henry Fords Erfindung war ebenso genial wie problematisch: Mit Hilfe des **Fließbandes** zerlegte er komplizierte Arbeitsvorgänge in einfache Handgriffe. Statt teurer Facharbeiter konnte er in seinen Automobilwerken nun angelernte Arbeiter beschäftigen. Damit war es ihm möglich, die Herstellungskosten für ein Auto zu senken und gleichzeitig die Produktion zu erhöhen. Das Zeitalter der billigen Massenproduktion hatte begonnen. Aber zu welchem Preis? Die Menschen am Fließband verloren das Verständnis für ihre Arbeit, sie wurden zu bloßen Rädchen in einem anonymen Produktionsprozess. Die Arbeitswelt war grundlegend verändert worden.

Jetzt erleben wir eine neue Veränderung. Sie kommt aus Japan und heißt **Gruppenarbeit**. Das Fließband wird nicht überflüssig, die Arbeit an ihm wird nur anders organisiert. Einfache Handgriffe erledigen längst Roboter exakter und billiger. Menschen sind dort gefordert, wo es um sorgfältige Montage und Qualitätskontrolle geht. Dafür braucht man Mitarbeiterinnen und Mitarbeiter, die sich mit dem Endprodukt, an dem sie beteiligt sind, identifizieren. Das setzt voraus, dass sie mehr von ihm sehen als ein kleines Teilchen, und dass sie mehr zu tun haben als einen unbedeutenden Handgriff. Die Arbeit in der Gruppe macht das möglich. Durch ständige Weiterbildung wird die Arbeiterschaft für die sich wandelnden Aufgaben qualifiziert. Das kann man im neuen Volkswagenwerk in Mosel bei Zwickau gut studieren.

Etwas anderes hat sich dort zusätzlich geändert: Bei Henry Ford war es das Ziel, alle Teile des Autos möglichst in einer Fabrik herzustellen. Heute besteht ein Auto aus über 60 000 Einzelteilen. Längst ist es günstiger, sich auf das zu beschränken, was man gut kann: Autos bauen. Deshalb werden immer mehr Teile von Zulieferern bezogen – möglichst komplett und vormontiert. Das spart Kosten.

Noch mehr Kosten können gespart werden, wenn die Lagerhaltung reduziert wird und die Zulieferer die benötigten Teile exakt zum Einbau anliefern. „**Just-in-time**" heißt dieses Prinzip. Durch Datenfernübertragung werden beispielsweise von der Firma VDO vormontierte Instrumententafeln abgerufen, die nach genau 150 Minuten im Volkswagenwerk eintreffen müssen. Bei den Sitzen, Rädern, Seitenverkleidungen oder Abgasanlagen ist es ähnlich. Viele Zulieferer haben sich deshalb in unmittelbarer Nähe des Werkes angesiedelt.

Bau von Instrumententafeln für den VW Golf bei der Firma VDO

Industrie im Wandel

Volkswagenwerk in Mosel bei Zwickau

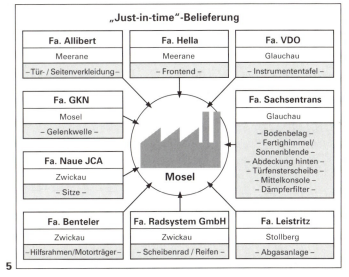

Seit Anfang dieses Jahrhunderts entwickelte sich in Sachsen im Gebiet um Zwickau die Automobilindustrie zu einem führenden Industriezweig. Von einem Automobilwerk wurden dort rund 250 000 Trabant pro Jahr hergestellt. Es war das meistgefahrene Auto in der ehemaligen DDR. Damals gab es 11 500 Beschäftigte in dem Unternehmen, zu dem auch Kindergärten, Schulen und Reparaturabteilungen gehörten. Nach der Wiedervereinigung wurden viele Teile des Unternehmens verselbstständigt. Einen Teil hat auch Volkswagen 1991 übernommen. Es hat aber die alten Anlagen nicht umgebaut, sondern in Mosel, 5 km nördlich von Zwickau, ein neues Werk auf „grüner Wiese" errichtet. Dort stellen rund 4 000 Mitarbeiter und Mitarbeiterinnen 250 000 Pkw her.

[1] Vergleiche die Arbeitssituation in den Fotos (1) und (2).

[2] In der Automobilindustrie sind weniger Frauen tätig als in der Textil- und Bekleidungsindustrie. Erläutere das.

[3] Ältere Arbeitnehmer freuen sich wenig über die neue Gruppenarbeit. Wieso?

[4] a) Beschreibe die Autofabrik (Foto 3).
b) Was für Standortfaktoren lassen sich auf dem Foto erkennen?

[5] Welche Auswirkungen hat das „Just-in-time"-Prinzip für die Region?

[6] Vergleiche und bewerte die Zahlen für Beschäftigung und Produktion in der Zwickauer Automobilindustrie früher und heute (Text 4).

Industrie im Wandel

1 Schachtanlage Concordia 1967

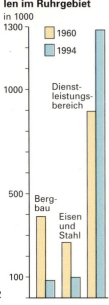

Veränderung der Beschäftigungszahlen im Ruhrgebiet

Strukturwandel im Ruhrgebiet

Ruhrgebiet, das war einmal der Inbegriff von Kohle und Stahl. Aber das ist schon Geschichte. Von den 136 Steinkohlebergwerken im Jahre 1958 sind nur 14 übrig geblieben und von den 14 Hüttenwerken im Jahre 1967 nur drei. Bislang ist dieser Schrumpfungsprozess nicht abgeschlossen. Immer noch werden im Bergbau und in der Eisen- und Stahlindustrie Betriebe stillgelegt und Menschen entlassen.

Warum haben Kohle und Stahl ihre Bedeutung verloren? Dafür gibt es mehrere Gründe. Die Kohle wurde durch Erdöl und Erdgas als billigere und bequemere Energieträger verdrängt. Außerdem ist heute die Tonne Kohle aus den USA, aus Südafrika und selbst aus Australien rund 200 DM preiswerter als die aus dem Ruhrgebiet. Durch die technische Entwicklung ist auch der Bedarf an Eisen und Stahl gesunken. Entscheidender aber ist, dass Eisen und Stahl in vielen anderen Ländern, in denen die Lohnkosten niedriger sind als bei uns, billiger erzeugt werden.

Seit 1958, als die Absatzkrise für Kohle begann, befindet sich das Ruhrgebiet in einem tief greifenden **Strukturwandel**. Anstelle alter wachstumsschwacher Industrien expandieren moderne wachstumsstarke wie die Elektrotechnik, die Kunststoffindustrie, die Feinmechanik oder die Umwelttechnik. Dienstleistungen für Forschung und Entwicklung, für Werbung und Kommunikation, für Beratung, Begutachtung und Verwaltung gewinnen große Bedeutung.

Der Strukturwandel im Ruhrgebiet ist an vielen Stellen sichtbar: 1960 wurde in

Industrie im Wandel

Gelände der ehemaligen Schachtanlage Concordia 1983

Bochum ein Zweigbetrieb der Opelwerke angesiedelt, in dem 16 000 neue Arbeitsplätze entstanden sind. 1965 wurde ebenfalls in Bochum die erste Universität des Ruhrgebiets eröffnet, an der inzwischen etwa 40 000 Studentinnen und Studenten lernen und 5000 Wissenschaftler und Angestellte arbeiten. Weitere Universitäten sind in Dortmund, Essen, Duisburg, Hagen und Witten entstanden, sodass sich das Ruhrgebiet zur dichtesten Hochschullandschaft Europas entwickelt hat.

Am meisten bemerkt man den Strukturwandel dort, wo ehemalige Flächen des Bergbaus oder der Eisen- und Stahlindustrie neu genutzt werden – zum Beispiel in Oberhausen, wo 1968 die Schachtanlage Concordia stillgelegt wurde.

1 Die Luftbilder (1) und (3) zeigen dasselbe Gebiet in der Innenstadt von Oberhausen.
a) Nenne Bauten, die gleich geblieben sind.
b) Das Gelände wird im wesentlichen für fünf neue Funktionen genutzt: für Wohnungen, Lagerhallen, eine Schule mit Turnhalle, ein Einkaufszentrum und ein Rehabilitationszentrum. Beschreibe deren Lage.

2 Arbeite mit dem Diagramm (2).
a) Wie viele Arbeitsplätze sind zwischen 1960 und 1994 im Bergbau und in der Eisen- und Stahlindustrie verloren gegangen?
b) Wie viele neue Arbeitsplätze sind für Dienstleistungen geschaffen worden?
c) Nenne Beispiele für Arbeitsplätze, die Dienstleistungen erbringen.

3 Welche positiven Folgen hat die Errichtung von Hochschulen für die Menschen und für die Industrie?

4 In der Wirtschaft verändern sich die Strukturen immer schneller, nicht nur bei Kohle, Eisen und Stahl und nicht nur im Ruhrgebiet. Was kann das für dich und deine Berufswahl bedeuten?

Industrie im Wandel

1 **Technologiepark Dortmund**
① Technologiezentrum
② Universität Dortmund
③ A 40/B 1
④ S-Bahn

High-tech im Revier

Wer von Westen über die Autobahn auf Dortmund zufährt, sieht rechter Hand den neuen Technologiepark von Dortmund. Er ist ein Zeichen für die Abkehr von Kohle und Stahl. Über 3000 zukunftsorientierte Arbeitsplätze sind hier entstanden.

Ausgangspunkt für den Technologiepark war die Universität Dortmund direkt nebenan. Sie bildet den wichtigsten **Standortfaktor** und stellt den „Rohstoff" bereit: Menschen, die gut ausgebildet sind und neue Ideen entwickeln können.

Keimzelle des Technologieparks ist ein **Technologiezentrum.** Das ist ein Gebäudekomplex, in dem viele junge Unternehmen zusammen tätig sind. Sie gehören alle zu zukunftsorientierten Branchen wie der Mikroelektronik, der Computertechnologie, der Informatik oder der Nachrichtentechnik, sodass sie sich gut ergänzen. Sie können kaufmännische und finanzielle Unterstützung erhalten, denn die Startphase ist für ein neues Unternehmen voller Risiken. Vielleicht entsteht einmal ein großes Unternehmen dabei. Nicht viel anders haben Mercedes, Krupp oder Bosch vor über hundert Jahren auch begonnen.

Wenn sich die jungen Unternehmen auf dem Markt durchgesetzt haben, besteht die Möglichkeit, in dem benachbarten Technologiepark ein eigenes Firmengebäude zu errichten. Seit der Gründung 1985 haben bereits rund 60 Unternehmen das Technologiezentrum wieder verlassen. Etwa 20 davon haben sich im Technologiepark angesiedelt.

Der Technologiepark nimmt ebenfalls nur Unternehmen auf, die sich um die Anwendung neuester Forschungsergeb-

Industrie im Wandel

nisse und Technologie bemühen. Man spricht von einem **Forschungs- und Technologietransfer**. Die Firmen im Technologiepark Dortmund konzentrieren sich auf praxisnahe Forschung und Entwicklung, auf Beratung und Schulung sowie Marketing. Die industrielle Produktion dagegen soll nicht hier, sondern möglichst in normalen Gewerbe- oder Industriegebieten stattfinden. Die Arbeitsplätze sind dementsprechend anspruchsvoll, aber gut bezahlt.

Schon Infrastruktur und Gestaltung des Technologieparks sind etwas Besonderes – mit Anbindung an Autobahn und S-Bahn, Radwegen und Fußwegen im Grünen. Hinzu kommt die Nähe zu Dienstleistungsbetrieben wie den Zentren für Qualitätssicherung, für Umwelt und für Transporttechnik. Der Technologiepark ist so attraktiv, dass sich selbst Firmen von außerhalb des Ruhrgebiets hier angesiedelt haben. Einige von ihnen sind sogar international tätig.

1 Welche High-tech-Produkte kennst du?
2 Beschreibe den Technologiepark (Abbildung 1).
a) Wie sehen die Gebäude aus?
b) Wie ist die Umgebung der Gebäude gestaltet?
c) Welche Hinweise auf die Verkehrslage gibt es?
d) Auf welche Einrichtungen können die Betriebe in ihrer Nachbarschaft zurückgreifen?
3 Beschreibe den Arbeitsplatz (Foto 2): Wer arbeitet hier, wie wird gearbeitet, welche Qualifikation ist dafür notwendig?
4 Erläutere Tabelle (3).
5 In der Tabelle (4) sind zehn Firmen aus dem Technologiepark genannt. Welchen Gruppen in Tabelle (3) lassen sie sich zuordnen?
6 Technologiezentren gibt es an vielen Orten in Deutschland.
a) Erkundigt euch beim Amt für Wirtschaftsförderung der Stadt oder bei der Industrie- und Handelskammer.
b) Was für High-tech-Firmen gibt es in eurer Nähe?

2 Mikrochipfertigung im Technologiepark Dortmund

Ausrichtung der Firmen im Technologiezentrum und Technologiepark Dortmund

	Zentrum	Park
Kommunikations- und Organisationstechnologie	13 %	40 %
Fertigungs- und Automatisierungstechnologie	43 %	24 %
Prüf- und Analysetechnologie	2 %	10 %
Umwelt- und Geotechnologie	12 %	10 %
Planung, Beratung und Schulung	30 %	16 %

3

Firmen im Technologiezentrum Dortmund (Auswahl)

- GPA – Gesellschaft für Prozessautomation
- High-Tech Institut für Marketing und Personalentwicklung
- ITK – Institut für Telekommunikation
- Projecteam – Innovative Fabrikplanung und -steuerung
- roTeg – Roboter-Technologie-Gesellschaft
- SISZ – Software Industrie Support Zentrum
- Aqua-Titan Umwelttechnik
- E-T-A Elektronische Apparate
- IBoMa – Institut für Bodenmanagement
- GIF – Gesellschaft für innovative Fertigungstechnik

4

Industrie im Wandel

Mehr Lebensqualität für die Emscherzone

Foto 1 auf Seite 48 zeigt ein Beispiel, wie es früher in der Emscherzone aussah.

Ein Jahrhundert lang war die Emscher die „Abwasserrinne des Ruhrgebiets", und die Emscherzone mit fast zwei Millionen Einwohnern galt als „Hinterhof des Reviers". Die Emscherzone ist in besonderem Maße vom Steinkohlenbergbau geprägt. Dort gibt es große Zechen mit bis zu 5000 Beschäftigten. Jede Zechenschließung verschlimmerte die Probleme.

In dieser Situation fassten die Landesregierung, die Kommunen und die Privatwirtschaft den Entschluss, der Emscherzone mit der Internationalen Bauausstellung Emscherpark – der IBA – zu helfen. Die IBA ist anders, als man sich normalerweise Ausstellungen vorstellt. Sie dehnt sich über eine Fläche von 70 km Länge aus und dauert zehn Jahre! Sie soll zu einer ökonomischen, ökologischen und sozialen Erneuerung der Emscherzone beitragen. Es gibt rund 100 verschiedene IBA-Projekte. Sie lassen sich fünf Hauptzielen zuordnen:

1. Zerstörte Landschaft soll wieder aufgebaut werden. Entlang der Emscher entsteht ein neuer Grünzug, der mit den vorhandenen Nord-Süd verlaufenden Grünzügen zum Emscher Landschaftspark ausgebaut wird.
2. Die Emscher und ihre Zuflüsse sind bis jetzt noch offene Abwässerkanäle. Neue Kläranlagen sollen das Abwasser reinigen, sodass die Wasserläufe wieder „renaturiert" werden können.
3. Alte Industriegebäude sind Zeugen der Vergangenheit. Viele von ihnen werden restauriert und neu genutzt.
4. Die neuen Industrie- und Gewerbegebiete sollen durchgrünt werden: „Arbeiten im Park" ist das Leitbild.
5. Wohngebiete – vor allem alte Bergmannssiedlungen – werden modernisiert, zusammen mit ihrer Umgebung entwickelt und in die Städte integriert.

Kläranlage Bottrop

Zusätzlich zum großen Klärwerk Emschermündung wird an der unteren Emscher eine Kläranlage für Abwässer aus Bottrop, Gladbeck, Gelsenkirchen und Essen ausgebaut. Zusammen mit vier weiteren Kläranlagen wird sie dafür sorgen, dass in der Emscher und ihren Nebenflüssen wieder Fische leben können.

3

1

Dienstleistungs- und Gewerbepark Erin in Castrop-Rauxel

Von dem ehemaligen Bergwerk Erin, wo 1983 noch über 3 000 Bergleute Kohle förderten, ist nur noch der alte Förderturm erhalten. Jetzt wurden dort Hügel und Wasserflächen, Alleen und Baumgruppen angelegt. In diesem parkartigen Gebiet sollen zukunftsorientierte Dienstleistungs- und Gewerbebetriebe angesiedelt werden.

2

Industrie im Wandel

Schleusenpark Waltrop
Wo der Rhein-Herne-Kanal mit dem Dortmund-Ems-Kanal zusammentrifft, wurden schon 1899 ein Schiffshebewerk und 1914 eine Schleuse gebaut, um Binnenschiffe bis nach Dortmund fahren zu lassen. Es waren technische Meisterleistungen, die durch neue Anlagen ersetzt wurden und zu verfallen drohten. Nun sind sie restauriert und zu einem Museum für Technikgeschichte ausgebaut worden.

Landesgartenschau Lünen
In einem Stadtteil, der durch den Bergbau besonders geschädigt worden ist, entstand die Landesgartenschau 1996. Dafür wurde die Landschaft saniert und zu einem Naherholungsgebiet ausgebaut. Die neue Attraktion zieht viele Besucher an.

Bergarbeitersiedlung Schüngelberg in Gelsenkirchen
Die Siedlung Schüngelberg wurde vor dem Ersten Weltkrieg gebaut. Noch vor 20 Jahren sollte sie abgerissen werden. Inzwischen sind ihre 300 Wohnungen modernisiert worden, wobei die Form der Häuser und der Siedlung bewahrt wurde. Zusätzlich entstanden 200 neue Wohnungen. Die Umgebung wird umgestaltet, ein naher Bachlauf „renaturiert", eine Bergehalde begrünt.

1 Fünf Projekte der IBA werden vorgestellt (Abbildungen 2 bis 6):
a) Beschreibe und erläutere sie.
b) Ordne sie den fünf Hauptzielen zu.
2 Im Emscher Landschaftspark gibt es Wohnsiedlungen, Fabriken und Verkehrswege.
a) Nenne Beispiele dafür in der Karte (1).
b) Warum sprechen die Planer trotzdem von einem Park?
3 Auch in deinem Wohnort gibt es Maßnahmen zur Verbesserung der Lebensqualität.
a) Welche kennst du?
b) Welche würdest du dir wünschen?

Industrie im Wandel

Wirtschaftlicher Wandel in der Niederlausitz

1 Braunkohlentagebau Jänschwalde

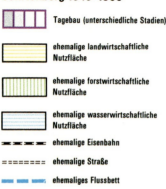

2 Jüngste Entwicklung des Niederlausitzer Braunkohlenbergbaus

Der Industriestandort Lauchhammer

Die Braunkohle hat Lauchhammer berühmt gemacht. Hier wurde die erste deutsche Brikettfabrik gebaut, erstmals aus Braunkohle Benzin (1924) und aus Briketts Hüttenkoks (1953) hergestellt. Lauchhammer war immer für eine technische Neuerung gut. Als 1989/90 die Wende kam, wurde in Lauchhammer zuerst die moderne Schuhfabrik geschlossen, dann das Ferrolegierungswerk, weiterhin sechs Brikettfabriken und die dazugehörigen Kraftwerke. Die Kokereien und die letzten Brikettfabriken folgten 1993. 5500 Braunkohlekumpel wurden entlassen. Die Betriebe waren den neuen Markt- oder auch Umweltschutzanforderungen nicht gewachsen. Heute ist der Industriestandort tot.

Jahrhundertelang lebten die Bewohner der Niederlausitz hauptsächlich von der Land- und Forstwirtschaft und dem Textilgewerbe. Die Menschen hatten ein bescheidenes Dasein. Erst mit der Entwicklung des Bergbaus und der Industrie ging es aufwärts. Zum ersten Industriezentrum entwickelte sich seit 1725 Lauchhammer. Dort wurde auch 1850 mit der industriellen Nutzung der Braunkohle begonnen. Die Industrie blieb jedoch auf wenige Standorte beschränkt.

Eine allgemeine Industrialisierung setzte erst ein, als die Niederlausitz in der DDR zur Energieregion gestaltet wurde. In Großtagebauen geförderte Braunkohle verarbeitete man zu Briketts, Koks, Gas, Benzin, Strom oder chemischen Grundstoffen. Tausende Arbeitsplätze wurden geschaffen. Als negative Begleiterscheinung kam es zur rücksichtslosen Zerstörung der Landschaft. **Rekultivierungsmaßnahmen** wie die Gestaltung des Senftenberger Sees blieben die Ausnahme. Die zahlreichen Kohle verarbeitenden Betriebe belaste-

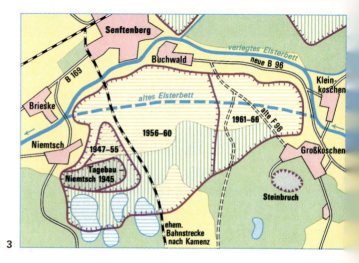

3 Der Tagebau Niemtsch bei Senftenberg 1945–1966

Industrie im Wandel

ten außerdem Wasser und Luft. Die Niederlausitz war zu einer ökologischen Problemregion geworden.
Seit der Wiedervereinigung geht der Lausitzer Braunkohlenbergbau stark zurück. Mit Chemie und Textilindustrie gerieten weitere Standbeine der Region ins Wanken. An den Industriestandorten wurden bis zu 80 Prozent der Arbeitsplätze abgebaut. Die Niederlausitz drohte zu einer sozialen Problemregion zu werden. Weil die Braunkohle dieser Region einst Wohlstand gebracht hatte, fiel es den Menschen schwer, an eine gesicherte Zukunft ohne Braunkohle als ökonomische Grundlage zu glauben.
Doch es gibt Hoffnung: Die Niederlausitz ist auf dem Weg zu einer Erholungsregion. Stillgelegte Gruben und Kippenflächen werden rekultiviert, die Braunkohlenkraftwerke umweltfreundlich umgerüstet und zahlreiche Siedlungen saniert. Die einstige Industriestadt Cottbus hat sich vor allem durch Gründung der Brandenburgischen Technischen Universität und des Technologiezentrums CoTEC zu einem wissenschaftlich-technischen Zentrum entwickelt. Als Ausrichter der BUGA '95 hat Cottbus seinen Charakter als Gartenstadt ausgebaut. Die Innenstadt und Parks wurden saniert, Brücken und Hotels gebaut und Neubaugebiete begrünt. Durch diese vielfältigen Maßnahmen ist Cottbus beispielgebend für die Überwindung der Probleme in der gesamten Region geworden.

Technologiezentrum CoTEC in Cottbus

[1] Beschreibe Lage und Gliederung der Niederlausitz (Atlas).
[2] Bewerte die Naturfaktoren hinsichtlich ihrer wirtschaftlichen Bedeutung.
[3] a) Begründe die Entwicklung der Niederlausitz zur Energieregion.
b) Fasse die daraus erwachsenden ökologischen Probleme kurz zusammen.
[4] Erläutere den sich seit der Wiedervereinigung in der Niederlausitz vollziehenden Strukturwandel.
[5] Stelle die Entwicklung vom Tagebau Niemtsch (Karte 3) zum Senftenberger See (Karte 4) dar.

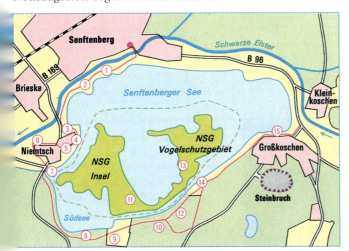

Der Senftenberger See heute

Naturlehrpfad

1 Pflanzgarten
2 Aussichtsberg
3 Niemtscher Mühle
4 Vogelgarten
5 Schutzgebiet
6 Auenlandschaft Niemtscher Park
7 Auslaufbauwerk
8 Wichtige Gehölze
9 Bungalowsiedlung
10 Waldschutzgebiet
11 Naturschutzgebiet Insel
12 Bergbaureste
13 Vogelrast- und Vogelbrutplatz
14 Gaststätte
15 Strandpromenade

------- Grenze des Naturschutzgebietes

Industrie im Wandel

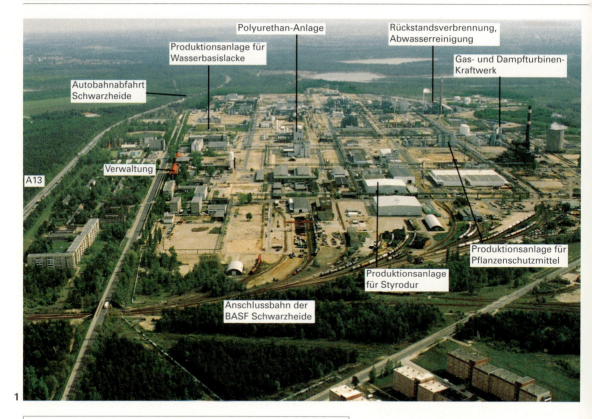

Entwicklung des Chemiestandortes Schwarzheide	
1935/1936	Errichtung des Werkes Schwarzheide durch die Braunkohle-Benzin AG; Produktion von Benzin aus Braunkohle
1944/1945	Weitgehende Zerstörung durch Bombenangriffe
1945–1953	Enteignung und Betrieb des Werkes als SAG (Sowjetische Aktiengesellschaft)
1954	Gründung des VEB Synthesewerk Schwarzheide
1967	Aufnahme der Produktion von Pflanzenschutzmitteln (Herbiziden)
1968–1973	Errichtung des Polyurethan-Komplexes (Polyurethane sind Kunststoffe, aus denen weiche Polsterschäume, Wärmedämmstoffe, elastische Schuhsohlen, Automobillenkräder, Anstrich- und Klebestoffe u.v.a. hergestellt werden.)
1972	Einstellung der Benzinproduktion
1990	Bildung der Synthesewerk Schwarzheide AG und Übernahme durch die BASF Aktiengesellschaft
1991 bis Ende 1993	Beginn eines umfassenden Sanierungsprogramms Personalabbau von ca. 4900 auf rund 2100 Mitarbeiter
seit 1993	Inbetriebnahme einer Wasserbasislackfabrik, von Anlagen zur Herstellung von Dämm- und Kunststoffen wie Styrodur, Neopolen, Pflanzenschutzmitteln und Lackrohstoffen

Neuanfang in Schwarzheide

Am 25. Oktober 1990 begann für den Chemiestandort Schwarzheide bei Senftenberg eine neue Phase der Entwicklung. Denn mit diesem Datum, dem Tag der Übernahme des ehemaligen „VEB Synthesewerk Schwarzheide" durch die BASF Aktiengesellschaft setzte eine grundlegende **Sanierung** und **Umstrukturierung** des Unternehmens ein. Veraltete Produktionsanlagen, die zum Teil aus der Gründerzeit des Werkes stammten, wurden abgerissen und durch neue ersetzt. Erhaltenswertes wird saniert. Die BASF Schwarzheide ist auf dem Wege zu einem Produktionsstandort von europäischem Format.
Dabei sah es nach der Währungsunion für die ehemalige „Perle der DDR-Chemie" gar nicht gut aus: Der überwiegend

Industrie im Wandel

im östlichen Europa gelegene Markt war größtenteils verloren gegangen, dem scharfen Wettbewerb des Weltmarktes jedoch war das Werk nicht gewachsen. Es hat aber wegen seines Produktionsprofils, seiner gut entwickelten **Infrastruktur,** insbesondere dem Anschluss an das Erdgasnetz, seines für Erweiterungen geeigneten Betriebsgeländes und seiner günstigen Lage zu den osteuropäischen Märkten bald einen neuen Besitzer gefunden. Rund 1,3 Mrd. DM wurden investiert. Die Umprofilierung ist auf solche Produkte ausgerichtet, die keine anderen Grundstoffe erfordern. Nicht chemietypische Betriebsteile wurden ausgegliedert, mit der Ansiedlung von Zulieferbetrieben wurde begonnen. Die Forschungsabteilung blieb erhalten. Der notwendige Personalabbau erfolgt weitgehend sozialverträglich. Die verbliebenen Mitarbeiter werden weiterqualifiziert. Im Interesse des Umweltschutzes wurde ein erdgasbefeuertes Kraftwerk neu gebaut, die vorhandene Kläranlage und die Rückstandsverbrennung wurden modernisiert. Ein neu geschaffener Autobahnanschluss ermöglicht einen schnellen Transport der Produkte. Dank dieser Entwicklung konnte der Markt für Schwarzheider Erzeugnisse auf den gesamten europäischen Wirtschaftsraum erweitert und der Umsatz erheblich gesteigert werden. Die BASF Schwarzheide ist zu einem Modellfall für die ostdeutsche Industrie geworden.

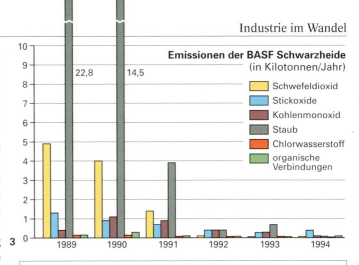

3 Emissionen der BASF Schwarzheide (in Kilotonnen/Jahr)

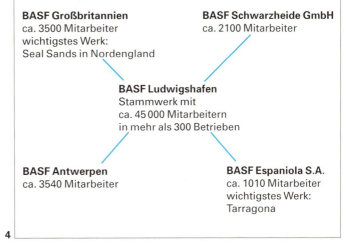

Die BASF-Gruppe
(BASF stand ursprünglich für Badische Anilin- und Sodafabrik, heute wird nur noch die Abkürzung verwandt.)
Die BASF ist ein großes, international tätiges Chemieunternehmen, das mit über 100 000 Mitarbeitern Güter in 39 Ländern produziert und Geschäftsbeziehungen zu Kunden in über 170 Staaten unterhält. Die Aktivitäten der BASF gruppieren sich um einen starken Chemie- und Kunststoffkern. Sie reichen von Rohstoffen wie Erdgas bis zu hoch veredelten Verbraucherprodukten wie Chemikalien, Dünger und Pflanzenschutzmitteln, Kunststoffen, Fasern, Lacken und Anstrichmitteln, Pharmaka, Audio- und Videokassetten oder magnetischen Datenträgern.

Große europäische Produktionsstandorte

BASF Großbritannien
ca. 3500 Mitarbeiter
wichtigstes Werk:
Seal Sands in Nordengland

BASF Schwarzheide GmbH
ca. 2100 Mitarbeiter

BASF Ludwigshafen
Stammwerk mit
ca. 45 000 Mitarbeitern
in mehr als 300 Betrieben

BASF Antwerpen
ca. 3540 Mitarbeiter

BASF Espaniola S.A.
ca. 1010 Mitarbeiter
wichtigstes Werk:
Tarragona

4

1 Beschreibe das Luftbild (1).
2 Erläutere die Veränderungen der Eigentumsverhältnisse und der Produktionsausrichtung des Chemiestandortes Schwarzheide (Übersicht 2).
3 Nenne Gründe für die schnelle Privatisierung des Werkes nach der Wiedervereinigung.
4 Erläutere die Rolle, die das Werk in Schwarzheide in der nationalen und internationalen Arbeitsteilung spielt (Übersicht 4).

5 Begründe, warum die BASF Schwarzheide als „Standort mit Zukunft" bezeichnet werden kann. Berücksichtige dabei auch das Diagramm (3).
6 a) Stelle Vor- und Nachteile der jüngsten Entwicklung des Werkes in einer Tabelle zusammen.
b) Nimm eine Bewertung vor.

Industrie im Wandel

> **Die Jobs wandern aus**
> Früher exportierte die deutsche Industrie Produkte made in Germany, heute exportiert sie Arbeitsplätze. Die Firmen lassen zunehmend dort fertigen, wo die Kosten niedrig und die Märkte ungesättigt sind ...
> (aus einer Pressemeldung 1995)

1

Standort D nach der Wende

Der Rückgang der Arbeitsplätze im Verarbeitenden Gewerbe (Industrie)
Seit vielen Jahren fallen dem Ersatz der menschlichen Arbeitskraft durch moderne Technologien Industriearbeitsplätze zum Opfer, dafür nimmt der Anteil der Beschäftigten in den Dienstleistungsbereichen zu (Tertiärisierung). Für viele Wirtschaftsregionen, die vorher durch industrielle Monostrukturen gekennzeichnet waren, ergab sich daraus ein einschneidender Strukturwandel. Eine besondere Dimension erreichte der Verlust von Industriearbeitsplätzen innerhalb kurzer Zeit nach 1989 in den neuen Bundesländern. Vierzig Jahre lang hatte hier ein sozialistisches System einseitig die Industrie (unter Ausschaltung der Weltmarktkonkurrenz) gefördert. Da – besonders auch bei der Produktivität – keine marktwirtschaftlichen Prinzipien beachtet werden mussten, waren hier nach der Wende plötzlich die Zahl der Industriebeschäftigten zu hoch und der technische Standard der Maschinen und der Produkte zu niedrig. Zusätzlich fehlte jetzt der Absatzmarkt in den Ländern des bisherigen Ostblocks.

Arbeitskosten (Lohnkosten + Lohnnebenkosten) im Verarbeitenden Gewerbe 1994
Deutschland (West) 44 DM/24 DM
Japan 36 DM/21 DM
Großbritannien 22 DM/16 DM
Spanien 20 DM/11 DM
Portugal 9 DM/5 DM
Tschechische Republik 3 DM/2 DM

2

Nach der Wiedervereinigung treffen in Deutschland unterschiedliche Entwicklungen aufeinander:
- allgemeine Veränderungs- und Anpassungsprozesse, mit denen die Industriebetriebe schon vorher zu kämpfen hatten; dazu gehört zum Beispiel der Trend zu den Dienstleistungen auf Kosten gewerblicher Arbeitsplätze.
- „vereinigungsbedingte" Anpassungsprozesse als Folge von 40 Jahren unterschiedlicher Entwicklung und der schnellen Anpassung der Ost-Betriebe an die weltmarktorientierte Situation in den alten Bundesländern.

Umsatz und Beschäftigte im Verarbeitenden Gewerbe
(alte Bundesländer) – Veränderungen in Prozent

Branchen/Bereiche	1963/73 Umsatz	Beschäftigte	1973/83 Umsatz	Beschäftigte	1983/93 Umsatz	Beschäftigte
Grundstoff- und Produktionsgütergewerbe	118,3	– 0,2	107,5	– 20,2	15,5	– 9,8
– Steine und Erden	110,3	– 7,6	48,0	– 37,1	47,3	– 5,5
– Eisen schaffende Industrie	104,0	– 10,5	17,5	– 24,7	– 14,6	– 39,1
– Chemie	137,1	16,7	136,0	– 6,5	26,2	1,5
Investitionsgüter	134,1	13,8	105,6	– 10,7	57,4	3,4
– Maschinenbau	115,6	4,0	89,0	– 12,0	49,5	0,3
– Straßenfahrzeugbau	121,5	25,7	196,0	24,1	52,4	3,1
– Elektrotechnik	160,5	14,4	89,7	– 16,9	64,6	8,1
– EBM-Waren	122,0	5,8	43,5	– 35,5	77,1	17,7
– Büromaschinen, ADV-Geräte	–	–	121,2	– 10,2	90,4	– 22,5
Verbrauchsgüter	97,2	– 4,5	54,8	– 30,4	49,3	– 4,4
– Holzverarbeitung	182,5	12,4	52,2	– 18,4	65,7	4,5
– Kunststoffwaren	300,0	75,7	120,5	7,2	103,4	45,8
– Textilgewerbe	50,5	– 24,3	19,1	– 44,5	7,2	– 29,9
– Bekleidungsgewerbe	64,7	– 7,2	20,2	– 46,1	28,7	– 34,5
Nahrungs- und Genussmittel	86,3	– 4,4	94,9	– 10,1	35,1	7,9
Verarbeitendes Gewerbe ges.	115,3	4,6	96,4	– 17,4	39,7	– 0,6

3

Industrie im Wandel

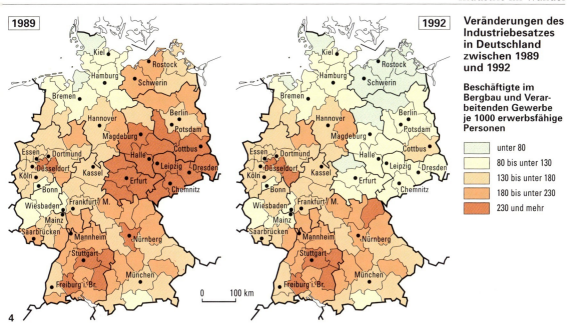

Veränderungen des Industriebesatzes in Deutschland zwischen 1989 und 1992

Beschäftigte im Bergbau und Verarbeitenden Gewerbe je 1000 erwerbsfähige Personen

- unter 80
- 80 bis unter 130
- 130 bis unter 180
- 180 bis unter 230
- 230 und mehr

Die Verlagerung von Industrieproduktion ins Ausland

Diese Entwicklung wird hauptsächlich mit zwei Argumenten begründet:
- Neue Märkte lassen sich nur durch die ständige Anwesenheit und die Produktion „vor Ort" erschließen und halten.
- Die Produktion ist am Standort Deutschland selbst für viele Produkte zu teuer geworden. Das über lange Zeit aufgebaute Netz an sozialen Sicherungen und die Verbesserung der privaten Lebenssituation (zum Beispiel durch Verkürzung der Arbeitszeit) habe bei den Arbeitskosten zu so hohen Lohnnebenkosten geführt, dass die Konkurrenzfähigkeit auf dem Weltmarkt in vielen Fällen nicht mehr gegeben sei. Wenn es auch häufig zu einfach ist, nur mit der „teueren Arbeit" zu argumentieren, das Folgeproblem lässt sich meist auf einen kurzen Nenner bringen: Arbeitslosigkeit durch Abbau von Industriearbeitsplätzen.

1 Arbeite mit der Tabelle (3):
a) Vergleiche am Beispiel der Zeilen Investitionsgüter und Verbrauchsgüter das Verhältnis von Umsatz und Beschäftigten in den einzelnen Zeitabschnitten.
b) Wie erklärt sich zum Beispiel bei der Chemie die Situation von 1973/83 im Vergleich mit 1963/73?
c) Charakterisiere für einzelne Bereiche den Entwicklungsverlauf.
d) Welche der im Text angesprochenen Strukturveränderungen wird durch die Aussagen der Tabelle belegt und differenziert?

2 Vergleiche die Situation 1989 und 1992 in den alten und neuen Bundesländern (Karte 4):
a) Kennzeichne regionale Unterschiede und suche nach Begründungen.
b) Ordne die Beispiele des Buches in die Kartenaussagen ein.
c) Formuliere das Hauptproblem, das der Kartenvergleich erkennen lässt.

3 Die Veränderung in den neuen Bundesländern ist mehr als nur ein allgemeiner, „gesellschaftlich bedingter Strukturwandel bei den Arbeitsplätzen". Beschreibe Konsequenzen.

Industriebesatz
Zahl der Beschäftigten in Bergbau und Verarbeitendem Gewerbe je 1 000 erwerbsfähiger Personen.
Beachte: Die Statistik erfasst die Beschäftigten je Industriebetrieb und unterscheidet nicht zwischen Arbeitsplätzen in der Produktion und in Dienstleistungen innerhalb des Betriebes.

TERRA Orientieren und Üben

Industrie im Wandel

Europa ist der am stärksten industrialisierte Kontinent. Nirgendwo sonst ist die Industrie so vielfältig, nirgendwo sonst liegen die Industriegebiete so dicht beieinander. Sieben Typen mit charakteristischen Industriezweigen lassen sich unterscheiden. Die ersten vier sind zumeist vor 1900 entstanden, die letzten drei sind jünger.

1. Schwerindustrie auf der Steinkohle
Einige der größten Industriegebiete entstanden dort, wo es Steinkohle als Energieträger gab. Da oft auch Eisenerze in ihrer Nähe vorkamen, entstanden hier Hüttenwerke. Die Stahlerzeugung hat dann den Stahlbau und den Schwermaschinenbau nach sich gezogen.

2. Arbeitsintensive Industrien
Die Herstellung von Textilien und Bekleidung, die Metallverarbeitung und der Maschinenbau haben früher viele Beschäftigte gebraucht: Sie waren arbeitsintensiv. Diese Industrien haben sich dort ausgebreitet, wo zahlreiche Arbeitskräfte aus Landwirtschaft und Handwerk zur Verfügung standen.

3. Industrien in Hafenorten
Der Schiffbau ist hier der grundlegende Industriezweig. Häufig wurden auch eingeführte Rohstoffe in Hafennähe verarbeitet: Raffinerien, Getreide- und Ölmühlen, Tabakwarenfabriken und Kaffeeröstereien sind Beispiele dafür.

4. Industrien in großen Städten
Große Städte verfügen über viele Käufer. Das ist für Nahrungsmittelindustrien (Getränkefabriken, Schlachthöfe) wichtig und für Verbrauchsgüterindustrien (Druckereien, Leder- und Kunststoffverarbeitung). Von besonderer Bedeutung ist die Elektroindustrie, die hier gut ausgebildete Arbeitskräfte fand.

5. Chemische Industrie
Erdöl und Salz sind die wichtigsten Rohstoffe. Für deren Verarbeitung braucht man viel Wasser, und die Produkte müssen kostengünstig abtransportiert werden können. Große Chemiewerke bevorzugen daher die Lage an schiffbaren Flüssen oder am Meer.

6. Autoindustrie
Die ersten Autofabriken sind aus Maschinenfabriken hervorgegangen. Später kam es dort zu Neugründungen, wo viele Arbeitskräfte zur Verfügung standen. Große Autofabriken haben Zweigwerke und Zulieferbetriebe in ihrer Nähe entstehen lassen.

7. Neue Technologien
Neue Technologien haben zur Entstehung neuer Industriezweige geführt. Luft- und Raumfahrt, Datenverarbeitung, Unterhaltungselektronik, Kommunikationstechnik, Kernenergie- und Biotechnik zählen dazu. Sie lehnen sich gern an Hochschulstandorte an.

1 Stelle die europäischen Industriegebiete mit Schwerindustrie zusammen.
2 In welchen Gebieten hat die Chemische Industrie besondere Bedeutung?
3 Suche für jedes der sieben typischen Industriegebiete ein Beispiel in Europa.
4 Grafik (2): „Jede der grundlegenden Erfindungen hat die Entstehung und Weiterentwicklung von Industriegebieten beeinflusst!" Suche mindestens drei Beispiele in Europa für diese Behauptung.
5 Stelle die Anteile der Erwerbstätigen in der Industrie folgender Länder grafisch dar: Deutschland, Großbritannien, Frankreich, Irland, Polen (Strukturdaten im Einband).

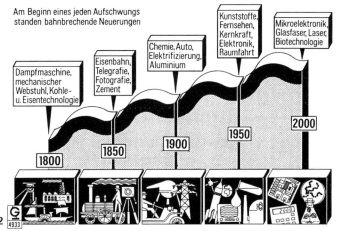

Die langen Wellen der Weltkonjunktur

1
Frankfurt

Stadt und Umland

Viele Menschen leben in der Stadt, denn sie übt auf sie eine starke Anziehungskraft aus. Doch auch im Umland der Stadt ist die Zahl der Bewohner mehr und mehr gestiegen.

Das hat viele Probleme mit sich gebracht: Die Landschaft im Umland der Städte wird immer mehr zugebaut, das heißt zersiedelt. Die Pendlerströme verlangen vor allem einen besseren Ausbau des öffentlichen Nahverkehrs. Nur so können die verstopften Straßen mit den kilometerlangen Autostaus in unseren Städten wieder frei werden.

Planungen sind notwendig, die das Wohnen in den Städten wieder lebenswerter und menschenfreundlicher machen, die aber auch gleichzeitig die Beziehungen zwischen der Stadt und ihrem Umland berücksichtigen.

In der Wetterau

Stadt und Umland

1

Wir erkunden unsere Stadt

Jeder meint „seine" Stadt zu kennen. Doch wer an einer Stadtführung teilnimmt oder abseits der gewohnten Wege geht, der entdeckt allerhand Neues über die eigene Stadt. Diese Doppelseite will euch Anregungen geben, wie ihr in kleinen Gruppen die eigene Stadt oder während einer Klassenfahrt auch eine andere Stadt erkunden könnt.
Besprecht die angebotenen Möglichkeiten, wählt aus, denkt euch eigene Vorhaben aus und los geht's. Am Ende kommt vielleicht eine interessante Ausstellung dabei heraus, sicherlich aber habt ihr viele neue Eindrücke gewonnen.

Experteninterview
– mit Mitgliedern der Stadtverwaltung (Planungsamt, Tiefbauamt ...)
– mit Vertretern von Parteien
– mit Sprechern von Bürgerinitiativen
– mit Vertretern des Gemeinderates und von Verbänden ...

Kartierung
– der Nutzung von Gebäuden (2)
– Lageeintragungen im Stadtplan: z. B. Tankstellen, Schuhgeschäfte, Rechtsanwaltspraxen, Möbelmärkte ...
– Übertragung von aktuellen Daten in Stadtteilkarten: z. B. Einwohnerdichte, Ausstattung der Wohnungen, Alter der Gebäude ...

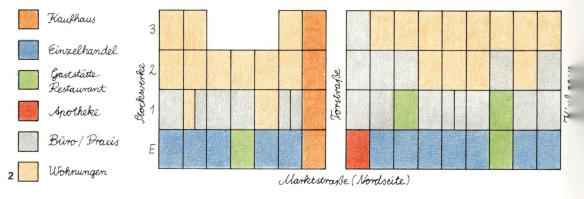

2

Stadt und Umland

```
Alexander-v.-Humboldt-Gymnasium, Kl. 8b  11.5.1994
                  Passantenbefragung

Interviewer: Melanie Kreutzer

1.a) Wohnen Sie im Stadtgebiet?
  b) Wie weit ist es von Ihrem Wohnort zur Innen-
     stadt?
     bis 10 km:      10-30 km:      über 30 km:

2. Welche(s) Verkehrsmittel haben Sie benutzt um
   in die Innenstadt zu kommen?
   PKW:           Stadtbus:        Überlandbus:


   Bahn:          Fahrrad:         Sonstige:
```

Befragung
- von Innenstadtbesuchern (3)
- von Anwohnern von Straßen: z. B. zu den Belastungen durch Verkehr
- von Mitschülern: z. B. zum Radwegenetz
- von auswärtigen Besuchern
- von Ladenbesitzern: z. B. zum Parkplatzproblem in der Innenstadt

Fotodokumentation
- Historische Bauwerke als Zeugen der Stadtgeschichte
- Gestern und heute: aktuelle Aufnahmen zu historischen Bildern
- Das ist unsere Stadt: ein Fotoalbum für eine Partnerschule
- Schön oder hässlich: Gebäudefronten im Stadtbild
- Der kritische Reporter: Problembereiche in unserer Stadt

4

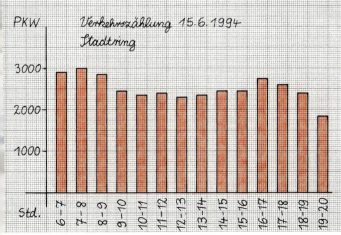

Datenerhebung
- Verkehrszählungen (5)
- Passantenströme in der Fußgängerzone
- Sammlung von Wirtschaftsdaten bei Wirtschaftsverbänden

Stadt und Umland

Die Daseinsgrundfunktionen

Arbeiten

Am Verkehr teilnehmen

Sich versorgen

Sich bilden

Stadtteile haben Funktionen

Daseinsgrundfunktionen – ein schwieriges Wort für etwas ganz Alltägliches, für die wichtigsten Tätigkeiten in unserem Leben. Die kleinen Zeichnungen zeigen dir die sieben verschiedenen Daseinsgrundfunktionen. Für diese Tätigkeiten suchen wir bestimmte Teile unseres Wohnortes auf oder auch einen ganz anderen Ort.
In unseren Städten haben sich einzelne Stadtteile im Laufe der Zeit auf eine oder wenige dieser Funktionen spezialisiert. Das nennt man Viertelsbildung. In einem Wohngebiet wohnt oder erholt man sich. Arbeitsplätze gibt es dort kaum noch. Dafür wohnt kaum jemand in einem Industriegebiet, und nur wenige wohnen in der City. Manche Stadtteile haben nur noch eine Funktion, sie sind monofunktional. Andere haben noch mehrere Funktionen und werden **Mischviertel** genannt.

In Gemeinschaften leben

Wohnen

1 Beschreibe, welchen Daseinsgrundfunktionen Corinna im Laufe eines Tages nachgeht. Vergleiche mit einem normalen Tag in deinem Leben oder mit dem Tagesablauf deiner Mutter oder deines Vaters. Wie viele verschiedene Stadtteile sucht ihr an einem Tage auf?

2 Welche Stadtviertel zeigen die Fotos auf der rechten Seite? Welche Daseinsgrundfunktionen werden dort ausgeübt?

3 Auf der Karte von Göttingen sind neun Stadtteile farblich markiert. Bestimme ihre Funktion. Aber Vorsicht: Manche Stadtviertel kommen doppelt vor – und ein Mischgebiet ist auch dabei! Ordne die Stadtteile den Fotos zu.

4 Besorgt euch in der Klasse eine Topografische Karte 1:25 000 von eurer Stadt. Wo liegen bei euch die Wohngebiete, das Industriegebiet, das Erholungsgebiet, das Schulzentrum...? Wenn ihr die Stadtteile mit verschiedenen Funktionen in unterschiedlichen Farben kennzeichnet, erhaltet ihr eine funktionale Gliederung eurer Stadt. Zusammen mit Fotos ergibt das vielleicht eine schöne Collage für den Schaukasten.

Sich erholen

Ein Tag in Corinnas Leben	
6.45	Wecken
7.10	Frühstück
7.30	Fahrt zur Schule
7.45–13.00	Schule
13.30	Mittagessen
14.00–15.45	Schularbeiten
16.00–17.00	Rudern
17.15–18.15	Geschenke kaufen
18.45–19.15	Abendessen
19.15–20.00	Lernen für die Arbeit
20.00–21.30	Musik hören, Fernsehen

Stadt und Umland

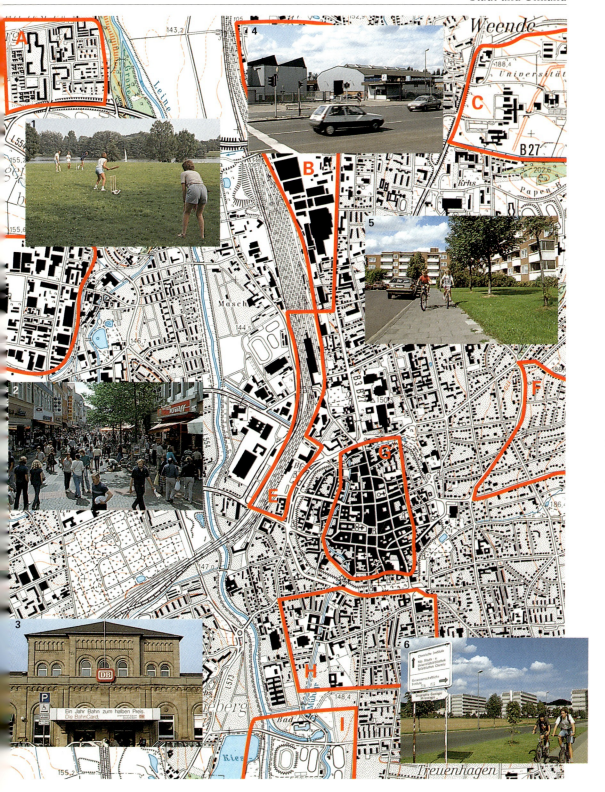

Stadt und Umland

Die Nutzung der Erdgeschosse in der Zeil

Handel
- 🔴 Kaufhaus
- 🟡 Einkaufspassage („Zeilgalerie")
- 🔵 Bekleidung, Schuhe
- 🟢 Weitere Konsumartikel (Hifi, Juwelier, Lederwaren, ...)

Dienstleistungen
- 🟤 Apotheke
- 🟣 Reisebüro
- 🟡 Restaurant, Imbiss, Gaststätte, Café
- ⚪ Öffentliche Einrichtungen
- == Durchgang

0 _____ 250 m

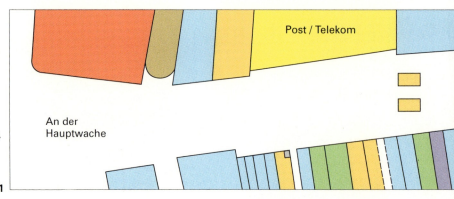

1

Die Zeil als Ziel

Mehmed aus Frankfurt-Bonames ist unterwegs um sich eine aktuelle CD zu kaufen. Jule aus Bockenheim möchte nur mal durch einen Klamottenladen bummeln. Trotz unterschiedlicher Absichten haben beide die Zeil als Ziel, denn sie ist Frankfurts wichtigste Einkaufsstraße.

1️⃣ Beschreibe die Lage der Zeil anhand einer Atlaskarte der Frankfurter Innenstadt.
2️⃣ Bestimme den Aufnahmestandort und die Blickrichtung des Fotos (2) in der Karte (1).
3️⃣ Stelle mit Hilfe des Infokastens, der Karte (1) und der beiden Fotos (2) und (4) fest, ob die Zeil eine typische Citystraße ist. Schreibe alle zutreffenden Merkmale in einer Liste auf.

Die Zeil 1994

2

Stadt und Umland

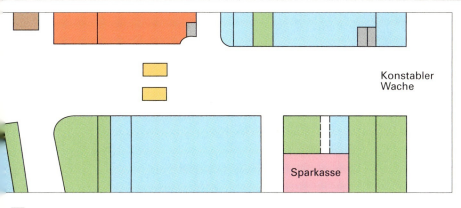

4 Kannst du dir vorstellen in der Innenstadt von Frankfurt zu wohnen? Welche Vorteile und welche Nachteile würdest du dort erwarten?

Die **City,** das Geschäfts- und Verwaltungszentrum einer Großstadt, besteht nicht nur aus einer Straße. Meist umfasst sie große Teile der Innenstadt. Sie ist die Fortentwicklung des mittelalterlichen Handelszentrums auf dem Marktplatz, gut erreichbar von allen Seiten. Hier konzentrieren sich die Passantenströme, hier lassen sich die besten Umsätze machen. Deshalb zieht es viele Geschäfte, Gaststätten, Praxen und Büros in die günstige Citylage. Das erhöht die Preise für Geschäftsräume und Grundstücke. Weniger einträgliche Nutzungen wie das Wohnen werden dadurch leicht verdrängt.

5 Beschreibe die Bevölkerungsentwicklung in der Innenstadt und der Gesamtstadt Frankfurt/Main (3).
Welche Erklärungen kannst du für die Entwicklungen geben?

6 Stelle einen Zusammenhang zwischen dem Diagramm (3) und dem Foto (4) her.

Merkmale der City
- Lage im Stadtzentrum
- mit öffentlichen Verkehrsmitteln gut erreichbar
- teilweise Fußgängerzone
- geschlossene, mehrstöckige Bebauung
- durchgehende Schaufensterfront im Erdgeschoss
- viele Reklameflächen
- typische Nutzungen: Kaufhäuser, spezialisierte Fachgeschäfte mit hochwertigen Waren, Banken und Versicherungen, Reisebüros, Arzt- und Anwaltspraxen, Maklerbüros, Kinos, Gaststätten
- zahlreiche Firmen, die in vielen Städten Filialen haben
- gewerbliche Nutzung auch in oberen Stockwerken, wenige Wohnungen

3 Bevölkerungsentwicklung in Frankfurt/Main

Stadt und Umland

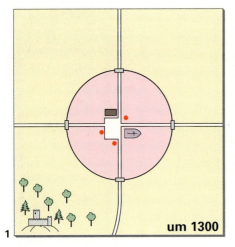

1 um 1300

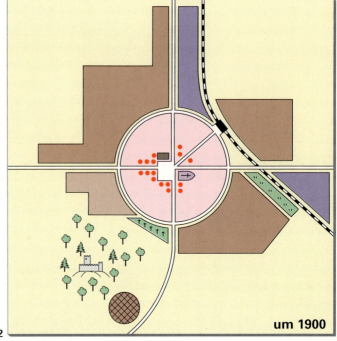

2 um 1900

Stadtentwicklung in Modellen

4
„Die Frage: Was ist eine Stadt? lässt sich für das Mittelalter scheinbar sehr leicht beantworten. Als kompakte Silhouette heben sich die mauerumgürteten, dicht gebauten, von Türmen der Kirchen und Burgen überragten Städte aus dem sie umgebenden Land heraus – ganz im Gegensatz zu den ausufernden Stadtsiedlungen unserer Zeit. Die Mauer macht die Stadt nicht nur zur Festung, sie markiert auch den Bereich eines besonderen Stadtrechts ... Die mittelalterliche Stadtmauer umschließt eine Bewohnerschaft, deren besondere soziale Stellung nicht nur durch Freiheit, sondern auch durch Freizügigkeit und Mobilität, durch berufliche Spezialisierung und eine vielstufige Differenziertheit ausgezeichnet ist. In den Stadtmauern konzentriert sich die gewerbliche Wirtschaft der Zeit ... Mittelpunkt des gewerblichen Lebens der Städte ist der Markt ..."

Legende:
- Rathaus
- Dom, Stadtkirche
- Geschäft
- Stadtmauer mit Tor
- Friedhof
- Dorf
- um 1900 entstandenes Mischviertel (Wohnen und Gewerbe)
- um 1900 entstandenes Villenviertel
- Industrie
- Kleingärten
- Bahnhof

Das heutige Aussehen von Städten mit jahrhundertelanger Geschichte ist das Ergebnis verschiedener **Stadtentwicklungsphasen.** Jede dieser Phasen weist besondere Merkmale auf. So orientierten sich die Stadtgründungen im Mittelalter besonders an einer günstigen Lage, zum Beispiel an einer Furt oder in der Nachbarschaft zu Burgen und Klöstern. Viele mittelalterliche Städte entwickelten sich erst mit der beginnenden Industrialisierung weiter. Ab Mitte des 19. Jahrhunderts ließen Industriegründungen und der Bau von Eisenbahnen und Straßen die Städte schnell wachsen. Besonders nach dem Zweiten Weltkrieg ab 1950 veränderten sie ihr Aussehen noch einmal.
Solche Entwicklungsphasen lassen sich in Form von Modellen darstellen. Diese bilden keine bestimmte Stadt ab, sondern zeigen vereinfacht das Gemeinsame vieler Städte.

1 Stelle Merkmale einer mittelalterlichen Stadt zusammen.

Stadt und Umland

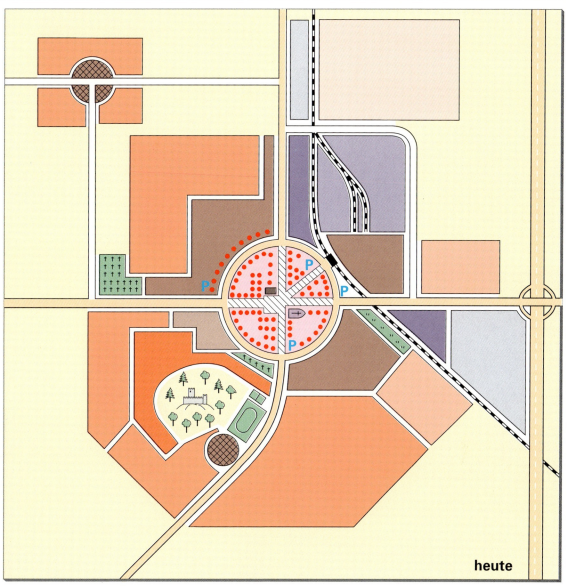

heute

2 a) Welche Veränderungen zur mittelalterlichen Stadt zeigen Modell (2) und Modell (3)? Begründe!
b) Welche Funktionen übernehmen einzelne Stadtteile?

3 Wie definiert Text (5) den Begriff „Stadtentwicklung"?

4 Bildet Arbeitsgruppen und untersucht anhand von Stadtplänen eures Heimat- oder Schulortes, welche Merkmale von Modell (3) ihr dort wiedererkennen könnt.

- Neues Villenviertel
- Wohngebiet mit Eigenheimen
- Wohngebiet mit Wohnblöcken
- Großwohnsiedlung mit Wohnhochhäusern
- Gewerbegebiet mit Fachmärkten
- **P** Parkhaus, großer Parkplatz
- Sportanlagen
- Fußgängerzone
- Hauptverkehrsstraßen

5 „Unsere Städte verändern sich Tag für Tag auf zweifache Weise: einerseits durch Erweiterung in Form der Umwandlung von Freiflächen in Siedlungsflächen, das heißt durch Ausweitung der Stadt in ihr Umland. Andererseits durch Erneuerung und Umbau, das heißt durch Veränderung städtischer Strukturen ohne oder mit Änderungen der Gebäude- und Flächennutzung ..."

Stadt und Umland

Metropolis
(= große, unüberschaubare, versteinerte und lebensbedrohende Stadt)
• Uniforme Bebauung ohne Vielfalt
• Anonymität und Isolation der Bewohner
• Totale Bodenversiegelung und flächenhafte Struktur
• Natur nur noch im Blumentopf
• Breite, befestigte Verkehrsflächen
• Funktionstrennung
• Vorherrschaft künstlicher Systeme
• Stadt als Maschine, losgelöst von Umgebung und Natur

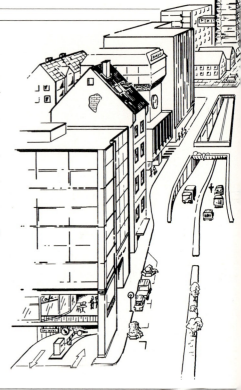

Metropolis oder Ökopolis?

Als „polis" bezeichneten die alten Griechen die Stadt. Damals war sie überschaubar, hatte menschliches Maß und ermöglichte vielfältige Kontakte. Sind wir heute in Gefahr, das zu verlieren? Mit der Industriellen Revolution und dem technischen Fortschritt wuchsen unsere Städte nicht nur nach Einwohnerzahl und Flächengröße, sie wurden gleichzeitig immer künstlicher. Stein, Beton und Asphalt breiteten sich aus; glitzernde Fassaden aus Stahl und Glas wuchsen empor; der Natur blieben nur kleine Reservate. Jedes Wochenende kommt es millionenfach zu einer Flucht aus den Städten. Kritiker warnen deshalb vor der Lebensfeindlichkeit der Stadt. Ist das übertrieben? Lässt sich der Gegensatz zwischen Metropolis und Ökopolis nicht vermeiden?

Stadt und Umland

Ökopolis
• Vielfältige, kleinräumige Gestaltung zur Erhöhung der Erlebniswelt
• Nachbarschaftliche Kooperation und Gemeinschaftsdienste
• Wo immer möglich, Zurücknahme der Bodenversiegelung
• Anlage und Gestaltung artenreicher Biotope
• Poröse, tragfähige Fahrbahnen
• Integration von Wohnen und Arbeiten
• Schaffung von Lebensraum für Mensch, Pflanze und Tier
• Stadt als bewusster Bestandteil des Ökosystems

6

7

5

1 Vergleiche die Fotos links (1) bis (3) und rechts (5) bis (7).
a) Beschreibe den Gegensatz von Technik und Natur.
b) Auch wenn deine Schule nicht in einer großen Stadt liegt, so lassen sich dort ähnliche Beobachtungen machen. Berichte.

2 Ordne die Bilder der Abbildung (4) zu.
a) Welche Merkmale, die in den Randspalten beschrieben sind, treffen auf die sechs Bilder zu?
b) Wie könnte man die anderen Merkmale mit Fotos illustrieren?

3 Und nun das Wichtigste: Erkundet selbst eure Schulumgebung mit Stadtplan, Fotoapparat und Kassettenrecorder. Arbeitet dabei in Gruppen.
a) Fotografiert Motive für die Metropolis oder die Ökopolis (Abbildung 4).
b) Befragt Passanten, wie sie Technik und Natur in der Stadt wahrnehmen.
c) Sucht ein Motiv, wo Technik und Natur keine Gegensätze sind.
d) Stellt die Ergebnisse für eine Ausstellung zusammen. Ein Titel könnte sein: „Unsere Stadt zwischen Technik und Natur".

Stadt und Umland

Wie wird Berlin wachsen?

1

Um 1800 war Berlin eine junge Großstadt mit 172 000 Einwohnern, 100 Jahre später hatte sie bereits 1,9 Mio. und weitere 40 Jahre später 4,5 Mio. So wie Berlin sind viele Städte in Europa gewachsen. Ihre Siedlungsspitzen schoben sich immer weiter ins Umland hinaus. Dörfer wurden durch den Zuzug von Städtern zu Pendlergemeinden. Die Siedlungen verschmolzen, bis große **Verdichtungsräume** entstanden. Auch Berlin ist ein Verdichtungsraum, der allerdings nach dem Zweiten Weltkrieg durch die politische Teilung in Europa in seiner Entwicklung behindert war.

Nach der Wiedervereinigung 1990 und der Ernennung zur Hauptstadt beginnt Berlin wieder zu wachsen. Für das Jahr 2010 schätzt man allein den Bedarf an Büroflächen auf 19 Mio. m². Gegenwärtig sind es nur 100 000 m². Wo sollen die benötigten Flächen für neue Wohnungen und Arbeitsplätze, für Versorgungs- und Erholungsmöglichkeiten entstehen? Wie ist ein planloses Wuchern zu verhindern? Unterschiedliche **Stadtentwicklungsmodelle** bieten sich an. London und Hamburg sind dafür Beispiele. Das Entwicklungsmodell für London entstand 1944. Es legte einen Grüngürtel um London fest, der nicht weiter zersiedelt werden durfte. Jenseits des Grüngürtels dagegen konnten die Siedlungen wachsen. Es wurden sogar neue Städte, „New Towns", als Entlastungsorte mit Arbeitsplätzen und Versorgungseinrichtungen gebaut. Kernstück des Entwicklungsmodells für Hamburg sind Entwicklungsachsen. Sie strahlen vom Zentrum zu den Städten im Umland aus. Das Rückgrat der Achsen bilden Schnellbahnlinien. Die Zwischenräume zwischen den Achsen sollen der Landwirtschaft und Erholung dienen und von Bebauung freigehalten werden.

London und Umland

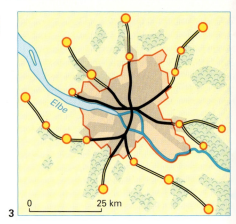

2

Hamburg und Umland

3

Stadt und Umland

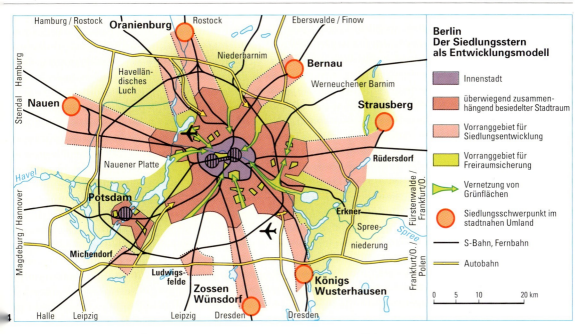

Berlin
Der Siedlungsstern als Entwicklungsmodell

- Innenstadt
- überwiegend zusammenhängend besiedelter Stadtraum
- Vorranggebiet für Siedlungsentwicklung
- Vorranggebiet für Freiraumsicherung
- Vernetzung von Grünflächen
- Siedlungsschwerpunkt im stadtnahen Umland
- S-Bahn, Fernbahn
- Autobahn

Die dezentrale Konzentration als Entwicklungsmodell

- Entwicklungsschwerpunkt
- Städtering
- Entwicklungsrichtung

1 Beschreibe die Unterschiede im Stadtwachstum von London und Hamburg (Karten 2 und 3).

2 Zwei unterschiedliche Stadtentwicklungsmodelle sind für Berlin abgebildet (Karten 4 und 5).
a) Welches entspricht dem Hamburger Beispiel, welches dem Londoner?
b) Die Zeitungsanzeigen (6) verdeutlichen den Flächenbedarf von Berlin. Welche Tendenzen zeigen sie?
c) Das Umland von Berlin möchte etwas von den Wachstumsimpulsen der Hauptstadt abhaben. Welches Modell ist dafür günstiger?

3 In Zukunft muss man daran denken, keinen unnötigen Verkehr zu erzeugen. Welches Modell ist dafür günstiger?

4 Bei der Entwicklung von Berlin müssen Stadtplaner und Raumplaner zusammenarbeiten. Wieso?

BERLIN
WOHNPARK MAHLOW AM SÜDLICHEN STADTRAND VON BERLIN
Auf einem parkähnlichen Grundstück hinter der Lichtenrader Stadtgrenze in der Gemeinde Mahlow entsteht eine moderne Wohnanlage in solider Bauqualität.
Ihre Vorteile:
* ideale Verkehrsanbindung mit direktem S-Bahn-Anschluß
* gute Vermietbarkeit

Berlin – Bauland in Kleinmachnow zwischen Berlin Zehlendorf und Potsdam gelegen, begehrte Wohnlage. 5200 m² voll erschlossen m. genehmigt. Bebauungsplan. Preisgünst. zu verkaufen.

Gewerbegrdst. südl. Berliner Autobahnring und Bundesstraße, insges. 8935 m² (Teilkauf), bebaut mit 2 Hallen/Büro, Werkstatt, Lager (590 u. 450 m²), KP 2 500 000.–

Nordwesten von Berlin, Gewerbegrdst. Im Autobahnring, gute Verkehrsanbindung, vollerschl. Gewerbepark, f. Produktion, Handel und Service geeignet, Teilflächen von 5600 bis 17 000 m².

TERRA Orientieren und Üben

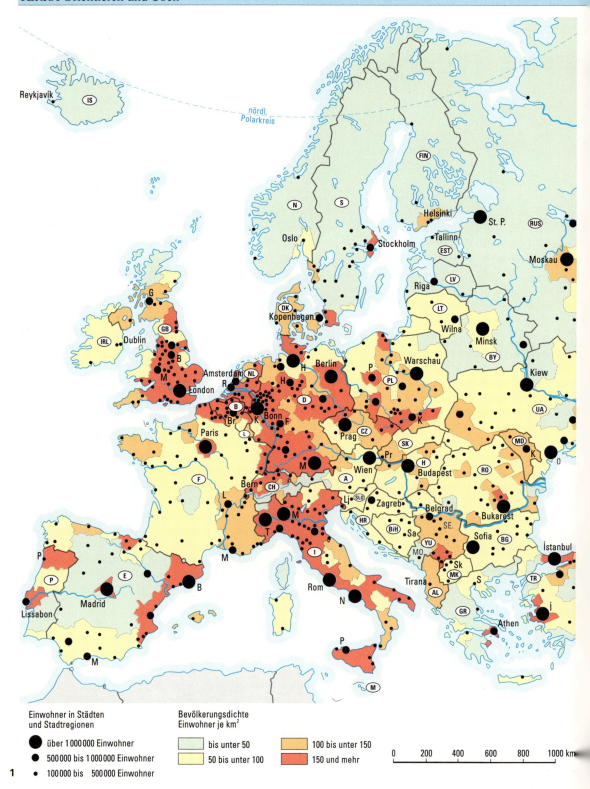

Einwohner in Städten und Stadtregionen
- ● über 1 000 000 Einwohner
- ● 500 000 bis 1 000 000 Einwohner
- · 100 000 bis 500 000 Einwohner

Bevölkerungsdichte Einwohner je km²
- bis unter 50
- 50 bis unter 100
- 100 bis unter 150
- 150 und mehr

1

Stadt und Umland

Mit der Industriellen Revolution in England begann für Europa das Zeitalter der **Verstädterung**. Immer mehr Menschen lebten jetzt in Städten, die meisten von ihnen waren auf der Suche nach Arbeit in der Industrie oder in einem anderen „städtischen" Beruf zugewandert. In den Ländern Westeuropas ist diese Entwicklung schon über 100 Jahre alt, in anderen Ländern setzte sie erst Mitte des 20. Jahrhunderts richtig ein.
Inzwischen leben zwei von drei Europäern in Städten, in einigen Ländern Nordwesteuropas sind es sogar 80–90 % der Bevölkerung. Jeder dritte Europäer lebt in einer Großstadt. Städtischer Lebensstandard und städtische Lebensweise gelten heute vielfach auch als Maßstab für die Menschen in ländlichen Gebieten.

Die **Großstädte** sind innerhalb Europas – und auch innerhalb der einzelnen Länder – äußerst ungleich verteilt. Das hängt vor allem mit der historischen Entwicklung einzelner Landesteile und der wirtschaftlichen Bedeutung bestimmter Regionen zusammen.

Fast alle europäischen Hauptstädte sind heute **Millionenstädte**. Sie haben ihren Bedeutungsvorsprung meist sehr früh als politisches Machtzentrum oder als wichtiger Handels- und Kulturplatz erreicht. Eine überdurchschnittliche Zuwanderung hat sie dann schneller als andere Städte wachsen lassen.

Einige der Hauptstädte haben das Image einer „Weltstadt". Ihre Attraktivität liegt in einer besonderen Mischung aus nationalem Lebensstil und internationaler Aufgeschlossenheit. Als alte Residenzstädte bieten sie häufig ein sehenswertes Ensemble aus historischen Bauten, Schlössern, Kirchen, Prachtstraßen, Plätzen und Parks. Ihre Bedeutung aber gewinnen sie durch die Konzentration von national und international wichtigen Einrichtungen. So sind sie Regierungssitz mit Botschaften und internationalen Behörden, Zentren des Theater- und Musiklebens sowie Standorte von Universitäten und Forschungseinrichtungen oder auch von bedeutenden Museen. Häufig finden hier Kongresse und Messen statt. Als wichtige Finanz- und Börsenplätze sind sie für Firmenspitzen und Handelsvertretungen interessant. Und nicht zuletzt ziehen sie einen beachtlichen Teil der internationalen Touristenströme an.

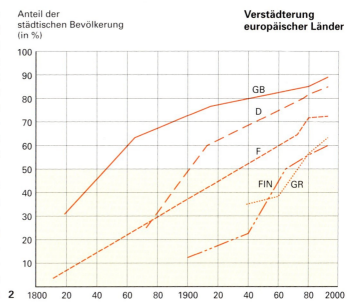

2 Verstädterung europäischer Länder

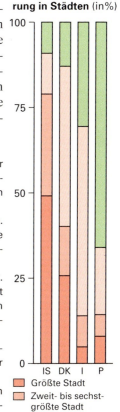

3 Anteil der Bevölkerung in Städten (in %)
- Größte Stadt
- Zweit- bis sechstgrößte Stadt
- Alle übrigen Städte
- Ländlicher Raum

1 Beschreibe die räumliche Verteilung der Großstädte in Spanien, Großbritannien, Italien und Schweden. Welche Erklärungen findest du dafür?

2 Zeichne eine Skizze des Rheinlaufs. Trage ein: Großstädte, Verdichtungsräume und wichtige Verkehrswege zu beiden Seiten des Flusses.

3 Europa ist ein verstädterter Kontinent. Suche für fünf Länder deiner Wahl, die nicht in den Diagrammen (2) und (3) enthalten sind, den Anteil der städtischen Bevölkerung heraus. Benutze Nachschlagewerke.

4 Beschreibe und erkläre den Verstädterungsverlauf verschiedener europäischer Staaten (Diagramm 2).

5 Viele europäische Staaten haben einen hohen Verstädterungsgrad. Überlege mögliche Folgen für die Bevölkerungsverteilung und für die Wirtschaft.

Gefährden wir die Erde?

Gefährdung der Erde? Zunächst denken wir wohl eher an Naturkatastrophen, auf die der Mensch keinen Einfluss hat. Aber die Zeitungen berichten täglich von ganz anderen Gefahren, von Gefahren, die vom Menschen ausgehen. Hier sind einige Beispiele zusammengestellt. Selbst manche „Naturkatastrophen" haben ihre Ursache im falschen Verhalten des Menschen.

Es ist höchste Zeit, dass wir diese Gefahren erkennen. Denn wenn die Erde gefährdet ist, dann ist auch unser eigenes Leben bedroht. Die Erde ist unsere Lebensgrundlage …

Gefährden wir die Erde?

Wasser auf der Erde in Mio. km³
gesamt: 1 384 km³
davon

1

Wasser, eine kostbare Ressource

Ohne Wasser – kein Leben: So überlebt zum Beispiel ein Mensch ohne Wasser in der Regel nur drei Tage. Die Verfügbarkeit über Wasser entscheidet nicht nur über Leben und Tod, über Gesundheit und Krankheit, sie kann auch Anlass für soziale Konflikte sein. Eine nachhaltige und sorgfältige Nutzung des Wasserangebotes ist daher angesagt.

Die nutzbaren Wasserressourcen der Erde sind begrenzt und vor allem über Zeit und Raum höchst ungleich verteilt. Faktoren wie Niederschlagsmenge, Trockenheit und Verdunstung bedingen das natürliche Wasserangebot, das der Mensch vielfältig nutzt. So steigt der Wasserbedarf in industriellen, städtischen und landwirtschaftlichen Bereichen ebenso exponentiell wie die Weltbevölkerung. Größter Wasserverbraucher ist die Landwirtschaft. Bereits vierzig Prozent der weltweit produzierten Nahrungsmittel sind von künstlicher Bewässerung abhängig.

Wahrscheinlich wird das gesicherte Wasserangebot pro Kopf und Jahr bis zum Jahr 2000 weltweit um ein Viertel sinken. Außerdem steht zu befürchten, dass weite Regionen der Erde infolge des zusätzlichen Treibhauseffektes zu Wassermangelgebieten werden, wie zum Beispiel Gebiete in China und den USA. Hinzu kommt die Sorge um die Qualität des Wassers. Bereits heute hat rund eine Milliarde Menschen kein sauberes Trinkwasser. Schadstoffe vielfältiger Art gefährden die Wasservorkommen: Salze, Schwermetalle, organische Lösungsmittel, Bakterien, Radionukleide, Nitrate und Luftschadstoffe, die in Form „sauren Regens" die Gewässer belasten. Ausreichendes und gesundes Trinkwasser wird immer rarer. Wird Wasser eines der Schlüsselprobleme des 21. Jahrhunderts?

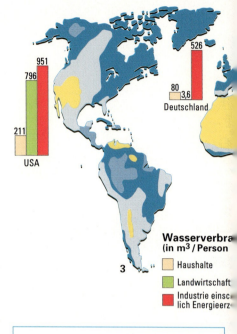

3

Wasserverbra(uch)
(in m³/Person)
- Haushalte
- Landwirtschaft
- Industrie einsch(ließ)lich Energieerz(eugung)

Wassernutzung weltweit 1993

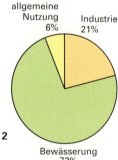

2

Südspanien 1995: Die Dürre und die Weltmeister im Wasserverbrauch
Im Land, wo die Zitronen blühen, fehlt zum paradiesischen Glück etwas sehr Elementares – das Wasser. Dreihundert Stauseen sind fast leer gelaufen. Die Bevölkerung im Südwesten Spaniens leidet seit März 1992 unter unerbittlichen Wasserbeschränkungen. Die Flüsse führen weniger als 20 % ihrer gewöhnlichen Wassermenge.
Dafür gibt es eine einfache Erklärung: Die Niederschläge haben sich während der letzten 1000 Jahre im Grunde nicht verändert; drastisch verändert hat sich hingegen der Verbrauch. Der Spanier von heute konsumiert jährlich 1200 m³ Oberflächenwasser und hält damit im Weltmaßstab den zweiten Platz. Diese enorme Menge teilen sich die Industrie mit 6,4 %, die Haushalte und Hotels mit 14,1 % und die Bauern mit 79,5 %.
Die spanischen Landwirte gehören zu den größten Wasserkonsumenten der Erde, denn auf 3,3 Millionen Hektar Land wird vielfach mit der extrem verschwenderischen Methode des Flutens gearbeitet. Dazu bekommen sie das kostbare Nass praktisch gratis geliefert.

4

Gefährden wir die Erde?

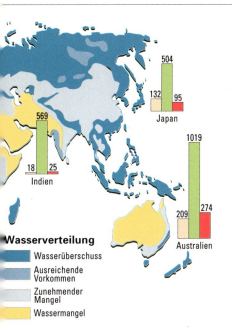

Wasserverteilung
- Wasserüberschuss
- Ausreichende Vorkommen
- Zunehmender Mangel
- Wassermangel

Wasser im Überfluss?

Deutschland scheint ein wasserreiches Land zu sein. Doch – obwohl mit ausreichenden Niederschlägen versorgt – haben auch wir Wassersorgen.
Mit steigendem Lebensstandard ist unser Verbrauch von etwa 85 Liter (1950) sprunghaft auf inzwischen 145 Liter Trinkwasser pro Person und Tag gestiegen. Für viele Ballungsräume wird die Versorgung mit Trinkwasser immer schwieriger. Hinzu kommt der enorme Wasserbedarf der Industrie und der Elektrizitätswirtschaft zu Kühlzwecken. Auch die Bodenversiegelung durch Gebäude und Straßen ist zum Problem geworden, denn sie verhindert zunehmend das Versickern von Regen und somit die Ergänzung des unterirdischen Wasservorrates.
Bisher konnte in Deutschland das Mengenproblem noch gelöst werden; aber gutes Wasser wird zunehmend knapp. Sorge bereitet vor allem die Nitratbelastung unserer Wasservorräte. Solange in der Landwirtschaft zu viel oder zur falschen Zeit gedüngt wird, nimmt der Nitrateintrag ins Grundwasser zu. Wir alle haben daher Vorsorge zu treffen, dass die Wasserressourcen in Menge und Qualität erhalten bleiben. Notwendig sind sparsamer und sorgsamer Umgang mit Wasser, ausreichende Reinigung des Abwassers, Entsiegelung der Landschaft und Vermeidung des Schadstoffeintrags in Boden und Gewässer.

Täglicher Pro-Kopf-Verbrauch an Trinkwasser in Litern (1994):

USA	397
Japan	379
Deutschland	145
Indien	25

6

1 Warum ist Trinkwasser so kostbar?
2 Arbeite mit Karte (3): a) Beschreibe die Verteilung der Wasservorkommen.
b) Wie unterscheidet sich der Wasserverbrauch in Indien und den USA?
3 Nenne Ursachen für den weltweit gestiegenen Wasserverbrauch. Du kannst hierzu auch eine „Mind-Map" erstellen.
4 a) Wie viel Wasser wird zum Trinken verbraucht und wie viel für andere Zwecke? Erläutere Abbildung (5).
b) Schlage Möglichkeiten vor, den häuslichen Wasserverbrauch einzuschränken.

Gefährden wir die Erde?

Entschädigung für holländische Wasserwerke

Js. DÜSSELDORF, 4. September. Ein französisches Gericht in Mühlhausen/Elsass hat eine Klage holländischer Wasserwerke gegen die elsässischen Kaliminen zugunsten der Wasserwerke entschieden. Die Niederländer hatten in einem Strafverfahren eine angemessene Entschädigung verlangt für die Schäden, die an ihren Leitungsnetzen durch das Salz entstanden sind, das von dem französischen Unternehmen in den Rhein geleitet wird.

1

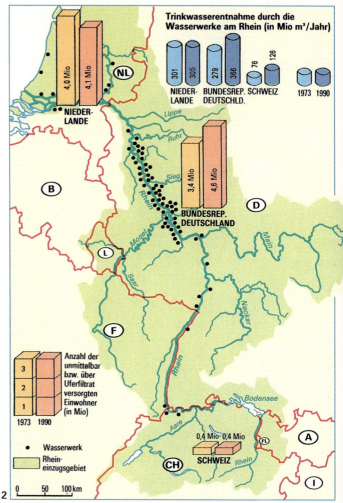

2 Wasserversorgung am Rhein

Euromodell Rhein?

Der Rhein, mit einem Einzugsgebiet von 190 000 km², ist mit seinen 1320 km Stromlänge einer der wasserreichsten und wirtschaftlich bedeutendsten Flüsse Europas. Er ist einer der verkehrsreichsten Schifffahrtswege der Welt, zugleich aber auch Trinkwasserreservoir für ca. 10 Millionen Menschen in den Niederlanden, Deutschland, Frankreich und der Schweiz.

Schon 1950 wurde eine „Internationale Kommission zum Schutz des Rheins" (IKSR) eingesetzt. Die **Schadstoffbelastung** des Flusses hat sich allerdings erst von 1970 an verbessert. Außer der andauernden Erfassung des wasserbiologischen Zustandes des Rheins hat die Kommission unter anderem noch folgende wichtige Ziele erreicht:
- 1987 die Umsetzung eines schon lange geplanten Warn- und Alarmsystems für plötzliche Katastrophenfälle,
- 1990 die Einrichtung von neun internationalen Messlaboratorien für die Wasserqualität, verteilt auf alle Anrainerstaaten.

All das soll den Eintrag gefährlicher Stoffe in das Trinkwasser und die Nordsee kontrollieren und reduzieren helfen.

Der Bau kostspieliger biologischer Kläranlagen in allen Anrainerstaaten des Rheins brachte in den letzten 30 Jahren eine Wende für den Fluss, der bis dahin in einem katastrophalen Zustand war. Mit hochmodernen Uferstationen und Messschiffen wird heute die Wassergüte kontinuierlich durch die Behörden überwacht. Dadurch entstehen allein für Deutschland jährlich Kosten von über 30 Mio. DM. Weiterhin sind Abwassereinleiter wie die Industrie zur permanenten gesetzlich vorgeschriebenen Entsorgung und Eigenüberwachung verpflichtet. Die Rhein-Anlieger-Staaten tauschen die erfassten Daten unterein-

Gefährden wir die Erde?

ander aus. Man könnte meinen, dass hier **europäischer Umweltschutz** funktioniert. Seit 1988 werden 40 Messwerte kontinuierlich erfasst. Hierbei überprüft man allerdings nur die bekanntesten chemischen Verbindungen.

Ein gutes Beispiel, wie schwierig Abkommen zu erreichen sind, zeigen die Verhandlungen über die Reduzierung der Salzeinleitungen in den Rhein. 13 Millionen Tonnen Kochsalz transportiert der Rhein im Jahr. Davon stammen 21 % aus Haushalten, der Landwirtschaft und der Winterstreuung, den Rest leitet die Industrie, insbesondere der Kalibergbau im Elsass, ein. Die Salzfracht beeinträchtigt außer vielen Tieren und Pflanzen besonders die Trinkwassergewinnung. Rohwasser darf den EU-Grenzwert von 200 mg/l Chloride aufgrund deren gesundheitsschädlicher Eigenschaften nicht überschreiten. Die Verhandlungen liefen seit 1960, erst 1976 kam es zu einer vorläufigen Einigung mit Frankreich. Doch erst das Desaster vom 1. November 1986, bei dem rund 30 Tonnen hochgiftiger Quecksilberverbindungen des Baseler Chemiekonzerns Sandoz in den Rhein flossen, gab den Anstoß für die zügige Umsetzung eines schon seit Ende der 70er-Jahre existierenden Alarmsystems. Trotz aller Hemmnisse: doch ein europäischer Erfolg!

|1| Arbeite mit Karte (2) und dem Atlas:
a) Werte die Karte zur Trinkwasserentnahme aus dem Rhein aus.
b) Informiere dich im Atlas über die Gewässergüte des Rheins und anderer deutscher Flüsse.
|2| Werte die Tabelle zu den Störfällen am Rhein zwischen 1980 und 1994 aus.
|3| Wo entlang des Rheins befinden sich besonders gefährdete Bereiche (Atlaskarte zu Industriestandorten)?
|4| Wie funktioniert das Alarmsystem? Benutze die Karten.

Unfälle mit Wasser gefährdenden Stoffen
(im früheren Bundesgebiet)

Jahr	1980	1985	1986	1987	1988	1989	1990	1994
Zahl der Unfälle	1892	1670	2068	2059	2016	1683	1729	1407
darunter mit Folgen*	–	–	–	–	1718	1401	1485	1081
Ausgelaufenes Volumen in m³	8942	5239	5114	3743	3736	2923	2693	4649

* z. B. Verunreinigung des Bodens oder von Gewässern

3

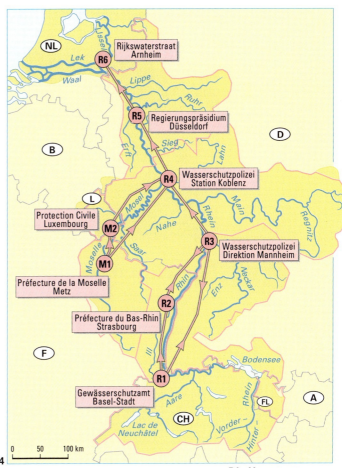

4

Die Hauptwarnzentralen des internationalen Alarmsystems der Rheinanlieger

R Rhein
M Mosel

Gefährden wir die Erde?

1

2

Immer weniger Tropischer Regenwald

Im Regenwald von Amazonien, im brasilianischen Bundesstaat Pará, reißen Baggerschaufeln riesige Löcher in einen braunen Berg. Schwere Lastwagen dröhnen durch das Gelände, Transportbänder rattern. In wenigen Jahrzehnten wird statt des Berges nur noch eine kilometerlange Grube von 300 m Tiefe zu sehen sein.

Es handelt sich um den Eisenerz-Tagebau Ferro-Carajas. 18 Milliarden Tonnen Eisenerz lagern hier dicht unter der Erdoberfläche – das größte Vorkommen der Welt! Täglich rollen schwere Erzzüge über die eigens für das Bergwerk gebaute Eisenbahnlinie. Ihr Ziel ist der Exporthafen São Luís an der Atlantikküste. Über ein Viertel der brasilianischen Eisenerzausfuhr geht nach Deutschland, z. B. in das Ruhrgebiet.

Das Bergwerk ist das Herzstück eines riesigen Erschließungsvorhabens der brasilianischen Regierung. Das Vorhaben „Grande Carajas" umfasst ein Gebiet von mehr als der doppelten Größe Deutschlands. Zunächst werden neue Verkehrswege gebaut. Immer mehr Tropischer Regenwald wird abgeholzt. Brasilien will hier eine eigene Industrieregion entwickeln. Rund um die Provinzhauptstadt Marabá soll das Industriezentrum der brasilianischen Tropen entstehen.

Dort arbeiten bereits die ersten Hochöfen. Da die Kohle zur Verhüttung des Eisenerzes fehlt, wird nach einem alten Verfahren Holzkohle benutzt. Um eine Tonne Roheisen herzustellen, sind vier

Gefährden wir die Erde?

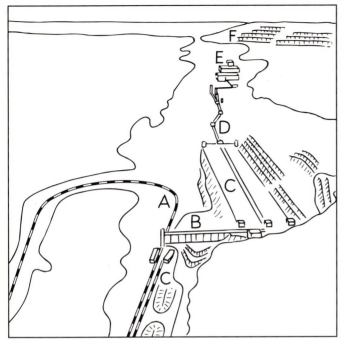

Erzbahngleise nach São Luis
Waggon-Ladeanlage
Erz-Lagerplatz
Transportbänder
Erzaufbereitung
Erz-Tagebau

Tonnen Holzkohle nötig. Rund um Marabá sind Tagelöhner in Hunderten von kleinen Köhlereien damit beschäftigt, Holzkohle für die Hochöfen zu gewinnen. Das angestrebte Ziel ist eine Produktion von 2,5 Mio. t Roheisen pro Jahr. Dafür müssten im selben Zeitraum 6100 km² Wald geschlagen werden. Naturschützer haben ausgerechnet, dass bei diesem Verbrauch in wenigen Jahrzehnten der gesamte Regenwald abgeholzt wäre. Aufforstungen gibt es bisher erst in Ansätzen. Sie würden auch zunächst gar nicht helfen, da das Wachstum der Bäume mit dem Einschlag nicht Schritt halten kann.

1 Beschreibe das Foto des Erz-Tagebaus. Die Skizze hilft dir. Ordne den Buchstaben die richtigen Begriffe zu.

2 Vergleiche die Waldfläche, die pro Jahr zur Holzkohlegewinnung geschlagen werden müsste, mit einer Flächengröße in deiner Heimat.

3 Erläutere die Karte (4).

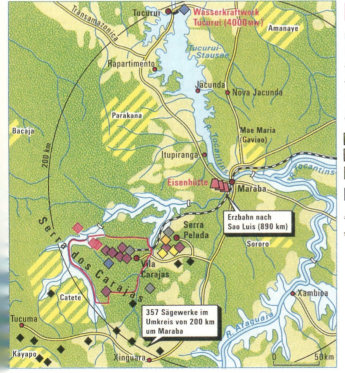

Bergbauprojekt „Ferro Carajas"

Bergbau:
- Eisen
- Nickel
- Kupfer
- Mangan
- Gold
- Bauxit
- andere Bodenschätze

Eisenhütte

Tropischer Regenwald
Gebiet starker Rodungen
Indianer-Reservat
Staudamm und Stausee (geplant)
Erzbahn
befestigte Straße

Gefährden wir die Erde?

Der Erzabbau im Norden Brasiliens ist ein Beispiel. In den letzten Jahrzehnten hat die Nutzung des Tropischen Regenwaldes insgesamt stark zugenommen:
– Viele neue Straßen ermöglichen erst den Zugang zu den Wäldern;
– es wurden Edelholzbäume gefällt für den Export in die Industrieländer;
– es wurde Wald für landwirtschaftliche Zwecke gerodet.

Auf dieser Seite sind zwei weitere Beispiele beschrieben.

Landwechselwirtschaft mit Brandrodung: Nach der Brandrodung wird ein Stück Land einige Jahre lang mit Kulturpflanzen bebaut. Dann sinken die Ernteerträge stark ab. Eine andere Fläche wird gerodet, und auf der ersten wächst wieder Wald, Sekundärwald. Dieses Land müsste eigentlich mehr als zehn Jahre lang brachliegen, bis wieder gute Ernten möglich sind. Doch die Bevölkerung wächst. Deshalb wird heute der Sekundärwald schon nach drei oder fünf Jahren erneut gerodet. Und immer größere neue Waldflächen werden benötigt. Haben erst die Holzfirmen die wertvollen Hölzer herausgeholt, dringen die Bauern in den gelichteten Wald ein.

Etwa die Hälfte der in den letzten Jahrzehnten verloren gegangenen Tropenwaldflächen ist durch Brandrodung vernichtet worden, haben Fachleute errechnet.

Viehwirtschaft in Brasilien: In den Randgebieten des Tropischen Regenwaldes werden große Waldflächen gerodet. Vom Flugzeug aus wird Gras eingesät. Dann können hier Rinder weiden. So sind am Südrand des Amazonas-Regenwaldes Tausende von großen Viehwirtschafts-Betrieben entstanden. Gefährlich ist es, den Wald auf den Berghängen zu roden. Nach der Rodung würde dort die dünne Humusschicht abgeschwemmt werden, der Boden wäre nicht mehr nutzbar.

Rodungsflächen im Tropischen Regenwald

Rinderherde auf einer neuen Weidefläche am Rande des Regenwaldes in Brasilien

Gefährden wir die Erde?

Am meisten betroffen von den Veränderungen in Amazonien sind die ursprünglichen Bewohner des Regenwaldes, die **Indianer.** Sie haben bisher im Einklang mit der Natur gelebt und sich von dem ernährt, was der Urwald ihnen bot. Das Problem: Nach brasilianischem Recht sind die Indianer nicht die Eigentümer ihrer Stammesgebiete. Sollen Bodenschätze gewonnen oder neue landwirtschaftliche Betriebe angelegt werden, kann das also auch in den Indianergebieten geschehen.

Allein 30 Indianervölker leben im Bereich des Planungsgebietes Grande Carajas. Die Erzbahn führt mitten durch das Gebiet der Gaviao-Indianer. Was wird mit diesen Menschen geschehen? Völkerkundler schätzen, dass seit Beginn des Jahrhunderts bereits 90 Indianerstämme ausgerottet worden sind. Von der gesamten früheren Indianer-Bevölkerung im Amazonas-Gebiet sind nur noch etwa 200 000 übrig geblieben.

Der Ablauf der Ereignisse ist immer gleich:
- Das staatliche Erschließungsprojekt beginnt mit Rodungen, Straßenbau, ersten Siedlungen.
- Den betroffenen Indianern werden bestimmte Gebiete als Reservate zugewiesen, in denen sie ungestört leben sollen.
- Im Zuge der Erschließung kommen viele weitere Menschen in das Gebiet: Holzfäller, Kleinbauern, Viehzüchter, Goldgräber, Abenteurer. Sie roden weitere Urwaldflächen und kümmern sich auch nicht um die Reservatsgrenzen. Staatliche Kontrollen reichen nicht aus.
- Die Indianervölker werden in immer kleinere Gebiete zusammengedrängt. Diese Gebiete sind als Lebensräume viel zu klein.
- Viele Indianer sterben an den eingeschleppten Krankheiten.

7 **Indianer protestieren gegen die Zerstörung ihres Lebensraumes**

4 Zeichne ein Ablauf-Diagramm zur Gefährdung der Indianer:

```
Erschließungsprojekt mit Rodungen,
Straßenbau usw.
         ▼
Indianer erhalten Reservate ...
         ▼
```

5 Prüfe die Lage der Indianer-Reservate (Karte 4, S. 85). Inwiefern sind die Bewohner gefährdet?

6 Stellt die Informationen in diesem Kapitel in Stichworten in einer Tabelle zusammen:
Zerstörung des Regenwaldes
Abbau von Eisenerz ...
...

7 In welcher Weise sind die Industrieländer, sind wir selber an der Gefährdung des Tropischen Regenwaldes beteiligt?

Von den Indianern im Amazonasgebiet ist das Volk der Yanomami am bekanntesten. Im Band für das 5. Schuljahr behandelt ein Kapitel ihre Lebensweise. Immer wieder ist von den Yanomami auch in der Presse die Rede.

Was geht uns der Tropische Regenwald an?

1

Den Tropischen Regenwald kennt ihr bereits. Ihr erinnert euch vielleicht noch an die Zeichnung mit den großen Bäumen, den Lianen, die sich an den Baumstämmen emporwinden, und den Aufsitzerpflanzen, die auf den Ästen der Bäume wachsen.
Was passiert, wenn der Tropische Regenwald gerodet wird?

Das Ende eines Tropenwaldes: Brandrodung

2

Von allen Wäldern auf der Erde ist der Tropische Regenwald der üppigste. Die Baumriesen dort werden doppelt so hoch wie unsere Buchen oder Eichen, unten ist der Wald so dicht, dass man nur mit Mühe hindurchkommt. Lässt das nicht auf einen fruchtbaren Boden schließen? Keineswegs!

Der Boden in den Tropen ist anders als bei uns. Durch die hohen täglichen Niederschläge werden die Nährstoffe aus den oberen Bodenschichten ausgeschwemmt. Die Humusschicht ist nur 15–30 cm dick. Blätter, Äste, umgestürzte Bäume, Früchte und verendete Tiere (die „Biomasse") werden in dem feuchtwarmen Klima durch unzählige Kleinlebewesen schnell zersetzt. Die flachen Wurzeln der Bäume nehmen die frei werdenden Nährstoffe gleich wieder auf. Dabei helfen Wurzelpilze, die die Wurzeln als feines Geflecht umgeben.

Der Nährstoffkreislauf erfolgt also unmittelbar zwischen der mächtigen Pflanzenschicht und der dünnen Humusschicht, unabhängig von dem Boden darunter. Wird nun der Wald gerodet, so ist dieser kurzgeschlossene Nährstoffkreislauf zerstört. Der Boden wird ungeschützt starker Sonneneinstrahlung und hohen Niederschlägen ausgesetzt und rasch ausgewaschen. Die neu gewonnenen Äcker sind nach wenigen Jahren unfruchtbar. Vor allem: Auf den ausgewaschenen Böden kann sich kein neuer Regenwald entwickeln.

Gefährden wir die Erde?

In jedem Jahr werden rund 200 000 km² Tropischer Regenwald gerodet. Wenn die Entwicklung so weitergeht, könnten bis zum Jahre 2050 die Tropischen Regenwälder weitgehend verschwunden sein. Denn eine Wiederaufforstung gibt es bisher kaum. Kann die Welt nicht auch ohne den Tropischen Regenwald auskommen?

Der Tropische Regenwald ist **für das Klima sehr wichtig.** Und das hat folgende Ursachen: Die Sonnenstrahlen durchdringen zunächst die Atmosphäre und erwärmen die Erdoberfläche. Die Sonnenstrahlung wird an der Erdoberfläche in Wärmestrahlung umgewandelt. Einige Gase in der Atmosphäre – vor allem Methan und CO_2 – verhindern, dass die Wärmestrahlung wieder in den Weltraum abgegeben wird. Sie halten die Wärme zurück wie ein Glashaus. Deswegen sprechen wir vom „Treibhauseffekt".

Dieser Treibhauseffekt macht also das Leben von Pflanzen, Tieren und Menschen auf der Erde möglich. Steigt aber der CO_2-Gehalt der Atmosphäre, so erwärmt sie sich immer weiter. Das Klima ändert sich. Die Bäume – im Tropischen Regenwald und in anderen Wäldern – bauen CO_2 ab und setzen Sauerstoff frei. Wird nun der Wald vernichtet, so steigt bei der Brandrodung nicht nur zusätzlich CO_2 in die Atmosphäre auf, sondern es fehlen auch die Bäume, die das CO_2 wieder abbauen können. Die Folge: Anstieg der Durchschnittstemperatur auf der Erde. Wissenschaftler befürchten, dass in den nächsten Jahrzehnten die Durchschnittstemperatur um 1,5 bis 4,5 Grad ansteigen könnte. Die weiteren Folgen wären: Ausweitung der Trockengebiete in manchen Regionen, Abschmelzen der Gletscher, Anstieg des Meeresspiegels ...

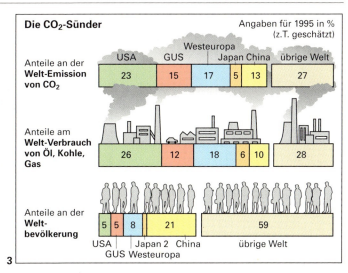

3 Die CO_2-Sünder — Angaben für 1995 in % (z.T. geschätzt)

1 Treibhauseffekt, ein sehr schwieriger Zusammenhang. Versucht mit euren eigenen Worten zu erklären,
a) den natürlichen Treibhauseffekt,
b) die Auswirkungen bei der Rodung des Tropenwaldes.
2 Welche anderen Vorgänge verursachen den Treibhauseffekt?
3 Sprecht über die Grafik (3).
4 Was soll die Karikatur (4) aussagen?
5 Was geht uns der Tropische Regenwald an? Versucht eine Antwort.

CO_2: Kohlendioxid, ein Gas, das bei der Verbrennung von Holz, Kohle, Öl, Benzin entsteht.

4

5
Ursachen des künstlichen Treibhauseffektes
Landwirtschaft und andere Bereiche (Mülldeponien etc.) 15%
Vernichtung der Tropenwälder 15%
Emission chemischer Stoffe, z. B. FCKW 20%
Energienutzung einschl. Verkehr 50%

Gefährden wir die Erde?

Unsere Wälder – noch haben wir sie

Gegenwärtig erleben die Wälder Mitteleuropas die größte Vernichtung in ihrer Geschichte: **Waldsterben** ist hierfür zum Stichwort geworden, hinter dem sich viele verschiedene und letztlich lebensbedrohende Gefährdungen unserer Wälder verbergen.

Wie sieht das Krankheitsbild des Waldes aus? An den geschädigten Nadelbäumen kann man beobachten, dass jährlich nachwachsende Triebe immer stärker verkümmern. Die Nadeln bekommen braune Stellen, die Baumwipfel lichten aus. Bei Laubbäumen platzt die Rinde auf und schon im Spätsommer setzt der Laubfall ein. In dem kranken, geschwächten Wald können Schädlinge, Frost und Sturm das Zerstörungswerk leichter vollenden.

Das Waldsterben ist auf verschiedene Ursachen zurückzuführen. Die Hauptursache aber ist in der Luftverschmutzung und dem **sauren Regen** zu suchen. Die Emissionen schädigen Blätter, Nadeln und Rinde, aber auch Böden und Wurzeln. Das Ausmaß der Schäden ist heute noch nicht abzusehen, denn der Wald dient nicht nur der Forstwirtschaft, der Jagd oder der Erholung. Wälder speichern Wasser, verhindern Erosion und verbessern unser Klima. Sie kühlen die Luft in ihrer Umgebung und halten sie feucht, sie wirken wie große Filter. Eine gesunde Buche filtert bis zu einer Tonne Staub und Gifte pro Jahr aus der Luft. Die „Schweizerische Gesellschaft für Umweltschutz" hat ausgerechnet, dass die durch das Waldsterben hervorgerufenen Kosten bis zum Jahr 2000 ca. 50 Milliarden Mark betragen werden. Also: Gesunder Wald ist für uns unbezahlbar.

Die Zusammenhänge, die zu saurem Regen führen, lassen sich chemisch beschreiben. Ihre Quellen aber liegen in

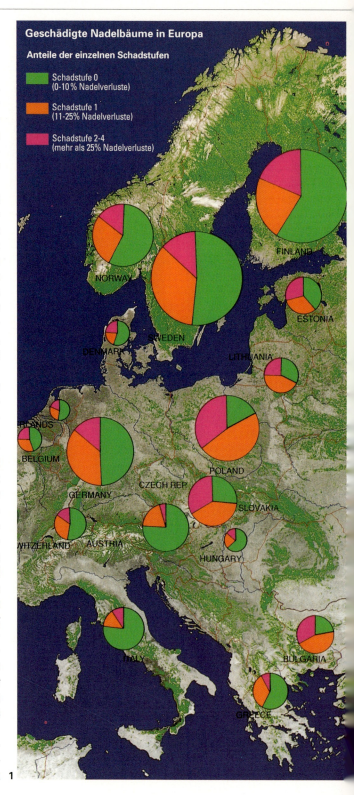

1

Gefährden wir die Erde?

Geschädigter Wald im Harz. Die kranken und geschwächten Bäume sind für einen Schädlingsbefall besonders anfällig. Eine moderne Methode, den Borkenkäfer zu bekämpfen, ist das Aufstellen sogenannter „Borkenkäferfallen". Dabei wird der Schädling durch einen Duftstoff angelockt.

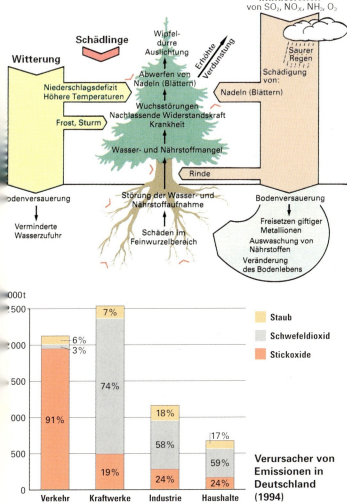

unserer Art zu leben und zu wirtschaften: in der massenhaften Verbrennung fossiler Energieträger und in der „Abluft" der Landwirtschaft, verursacht durch Gülledüngung (Ammoniak).

1 Werte die Karte (1) aus:
a) In welchen Ländern liegen die Schwerpunkte der Waldschäden?
b) Vergleiche damit die Lage der großen Industrie- und Bevölkerungsballungen in Europa. Welche Zusammenhänge ergeben sich, wenn du die großräumig vorherrschenden Windrichtungen berücksichtigst?

2 Erläutere anhand des Schemas (3) die Zusammenhänge, die zum Absterben von Bäumen führen.

3 Werte die Tabelle (5) aus:
Wie verhält sich die Entwicklung der Waldschäden bei Laub- bzw. Nadelbäumen?

Waldschäden in Deutschland
Anteil der Schadstufen 2–4 in Prozent

	Nadelbäume	Laubbäume
1984	21	10
1985	22	13
1986	20	17
1987	16	19
1988	14	17
1989	13	21
1990	–	–
1991	25	27
1992	24	32
1993	21	30
1994	21	30

5

Gefährden wir die Erde?

6 Mitteleuropäischer Laubwald

Verbreitung und Artenzusammensetzung der Wälder Mitteleuropas sind Ausdruck der Klima-, Boden- und Reliefverhältnisse. Das Klima der gemäßigten Zone fördert allgemein den Baumwuchs.

2 220 000 km² Wald gibt es heute in Europa. Dennoch ist der Wald seit dem Mittelalter und insbesondere heute als vorherrschendes Landschaftselement stark gefährdet.

Naturnahe Wälder sind komplizierte Ökosysteme mit vielen verschiedenen Pflanzen- und Tierarten, die über Nahrungsnetze voneinander abhängig sind. Dadurch wird die Nährstoffversorgung des gesamten Systems garantiert, weil die dabei freigesetzten Mineralien wieder Nährstoffe der Pflanzen sind. Wälder regulieren außerdem den Wasserhaushalt der Landschaft, indem sie immense Wassermassen speichern und diese nur langsam an Bäche und in die Luft abgeben. Wälder schützen vor Erosion und sind wesentlich an **Bodenbildungsprozessen** beteiligt. Baumwurzeln erschließen den Boden tiefgründig und lockern ihn auf. Dadurch wird die Wasserführigkeit und die Sauerstoffversorgung in den Kapillarräumen verbessert, eine gute Voraussetzung für Verwitterung.

Böden entstehen durch Verwitterungsprozesse an der Erdoberfläche. Temperatur, Niederschlag und die Vegetation beeinflussen die Art und die Intensität der **Verwitterung.** Durch die Kräfte der Verwitterung wird festes Gestein in immer kleinere Bestandteile zerlegt. Dabei werden die im Gestein enthaltenen Pflanzen-Nährionen, wie z. B. Kalium, Natrium, Calcium und Magnesium, frei. Geladene Tonteilchen, die Tonminerale, binden diese elektrostatisch und verhindern so deren Ausschwemmung durch das Bodenwasser. Auf die gleiche Weise werden auch solche Ionen gebunden, die durch Verrottungsprozesse pflanzlicher oder tierischer Organismen freigesetzt werden.

Das an den Pflanzenwurzeln natürlich entstehende Kohlendioxid reagiert mit dem Bodenwasser zu Kohlensäure und bewirkt eine fortwährende Freisetzung maßvoller Mengen von Nährionen aus den Tonmineralen. Gegen eine Übersäuerung verfügen Böden über Mechanismen zur Neutralisation der Kohlen-

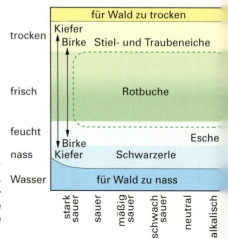

7 Boden-Standortbedingungen für mitteleuropäische Bäume

säure, sogenannte Puffersysteme. Das wichtigste ist der Karbonatpuffer, der vom Kalkgehalt des Bodens abhängt. Unnatürliche Säurezufuhr, wie über sauren Regen, kann den Karbonatpuffer und die Tonminerale zerstören. Dann werden zum Beispiel giftige Metallionen wie Aluminium freigesetzt, die die Baumwurzeln absterben lassen.

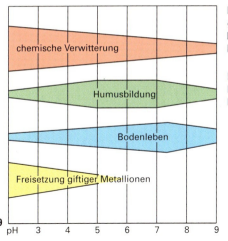

Einfluss des Säuregrades auf Bodenbildung und Bodenleben

pH 3 stark sauer
pH 7 neutral
pH 9 basisch

4 Werte Diagramm (7) aus:
Welche natürlichen Standortansprüche haben typische Bäume Mitteleuropas?

5 Wie entstehen fruchtbare Böden, die genügend Nährionen enthalten? Zeichne ein Wirkungsschema (Textauswertung).

6 Werte die Grafik (8) aus:
a) Beschreibe wie Pflanzen an die lebenswichtigen Nährionen gelangen.
b) Erläutere die Folgen zu hoher Säureeinträge auf den Nährionen-Haushalt.

7 Werte die Grafik (9) aus:
a) Wie verändern sich wichtige Prozesse im Boden durch Ansäuerung?
b) Welche Bodensäuregrade sind günstig?

Nährionenhaushalt im neutralen und im übersäuerten Boden

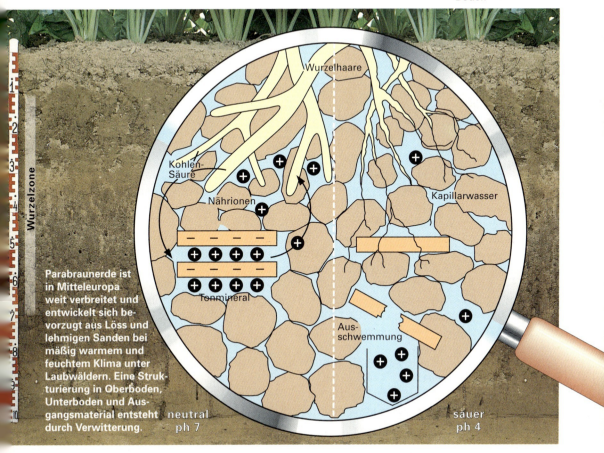

Parabraunerde ist in Mitteleuropa weit verbreitet und entwickelt sich bevorzugt aus Löss und lehmigen Sanden bei mäßig warmem und feuchtem Klima unter Laubwäldern. Eine Strukturierung in Oberboden, Unterboden und Ausgangsmaterial entsteht durch Verwitterung.

Gefährden wir die Erde?

Veränderung der Landschaft vom frühen Mittelalter bis zum 17. Jh. durch bäuerliche Wirtschaft, Beispiel Nordwestdeutschland. Die Landschaft wurde durch die Eiszeit geprägt. Sie hinterließ Sandböden, Moore und nährstoffreiche Moränenböden. Der Esch ist der Acker auf günstigem Sandboden.

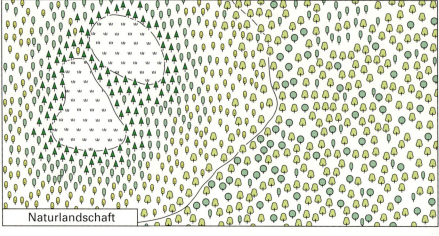

- Eiche
- Buche
- Birke
- Erle
- Kiefer
- Hochmoor
- Heide
- Grasland

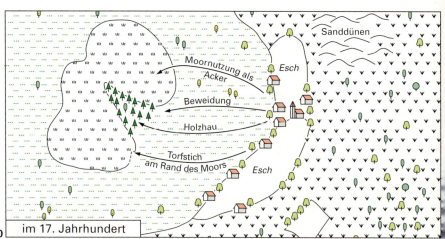

10

Wald und Kulturlandschaftsentwicklung

Der Mensch greift seit langem in das Ökosystem Wald ein. Schon zur Römerzeit wurde der Wald in Süd- und Mitteleuropa als Viehweide genutzt. Die jungen Triebe der Bäume wurden verbissen. Im Sommer wurde das Laub abgefressen. Im Herbst gab es Eicheln und Bucheckern, und selbst im Winter wurde das Laub als Streu für die Ställe genutzt.

Für die Anlage von Dörfern und Feldern wurde der Wald gerodet, und für Haus- und Gerätebau sowie für die Feuerung wurde Holz geschlagen. So entstanden durch diesen Raubbau bis zum 16. Jahrhundert Park- und Heidelandschaften.

An Berghängen wurde durch den Viehtritt die Bodenerosion zum Teil so verstärkt, dass der blanke Fels zutage trat. In der Ebene sieht man dem Boden Schäden durch Weidebetrieb kaum an, obwohl sie hier genauso nachhaltig sind. Derartig geschädigte Zonen – besonders auf sandigen Böden – reichen in Mitteleuropa heute von Dänemark über Nordwestdeutschland bis nach Belgien. Verstärkt wurde dieser Prozess dadurch, dass die Bauern aus den Wäldern und Heiden die Streu entnahmen, um sie in die Ställe zu werfen oder um die kargen Äcker zu düngen. Damit entzogen sie dem natürlichen Nährstoffkreislauf mehr Mineralstoffe als durch den Holzschlag. Im 17. Jh. herrschte schließlich

Gefährden wir die Erde?

ein großer Bau- und Brennholzmangel, und die Bodenverwüstung führte zu einer Futterknappheit.

Aus dieser Not entwickelte sich die primitivste Form planmäßiger Holznutzung, die **Niederwaldwirtschaft.** Die Wälder werden dabei nicht mehr beweidet. Etwa alle 30 Jahre werden die Bäume geschlagen; sie treiben dann Stockausschläge, die in den nächsten 30 Jahren wieder zu wirtschaftlichem Niederwald (Höhe 10–15 m) heranwachsen. Einzelne Eichen ließ man auch älter werden, um Bauholz zu ernten. Dadurch entstanden Mittelwälder,

12 „Totengrund" in der Lüneburger Heide

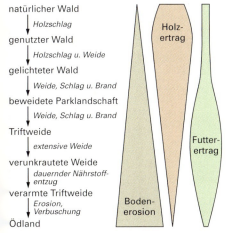

natürlicher Wald
↓ Holzschlag
genutzter Wald
↓ Holzschlag u. Weide
gelichteter Wald
↓ Weide, Schlag u. Brand
beweidete Parklandschaft
↓ Weide, Schlag u. Brand
Triftweide
↓ extensive Weide
verunkrautete Weide
↓ dauernder Nährstoffentzug
verarmte Triftweide
↓ Erosion, Verbuschung
Ödland

Holzertrag

Futterertrag

Bodenerosion

in denen strenge Holzordnungen die Nutzung regelten. Die Buche dagegen spielte eine geringe Rolle, weil sie als Möbel- und Stellmacherholz (Stellmacher = Wagenbauer) wenig gefragt war. Sie fiel vor allem der Holzkohle- und Pottascheproduktion (ein Grundstoff bei der Glasherstellung) zum Opfer. Die moderne Forstwirtschaft des 19. und 20. Jahrhunderts begünstigt den **Hochwald,** der mehr Wertholz liefert als die alten Bauernwälder. Mit dem großen Holzbedarf der beginnenden Industrialisierung wurden Heide- und Ödlandflächen mit Nadelhölzern aufgeforstet, die man 100 Jahre wachsen ließ. So entstanden bei uns die naturfremden Fichtenforste. Die Reste der Bauernwälder wuchsen ebenfalls wieder durch. Dort konnten sich naturnahe Laubwälder entwickeln. Heute ist man wieder bestrebt, in den Wäldern den Laubholzanteil gegenüber dem Nadelholz deutlich zu erhöhen, um wieder standortgerechtere Wälder zu erreichen.

8 Werte die Karten (9, 10) und den Text aus:
a) Was sagt der Baumbestand der Naturlandschaft über die Böden aus?
b) Welche konkreten Folgen hatte die Wirtschaftsweise bis zum 17. Jahrhundert?

9 Erläutere die Waldentwicklung in Mitteleuropa am Beispiel der Grafik (13). Beachte dabei die jeweiligen Wirtschaftsziele.

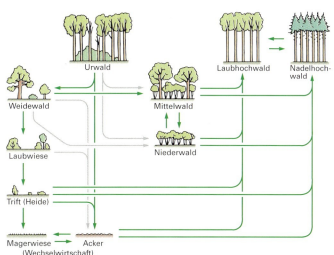

13
Stufen der Waldentwicklung in Nordwestdeutschland

→ häufigere Entwicklungen
→ seltenere Entwicklungen

Gefährden wir die Erde?

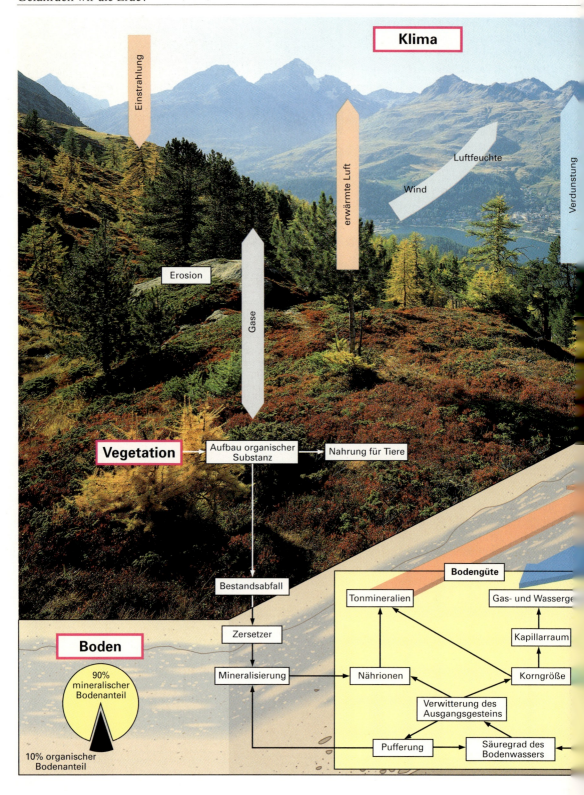

Gefährden wir die Erde?

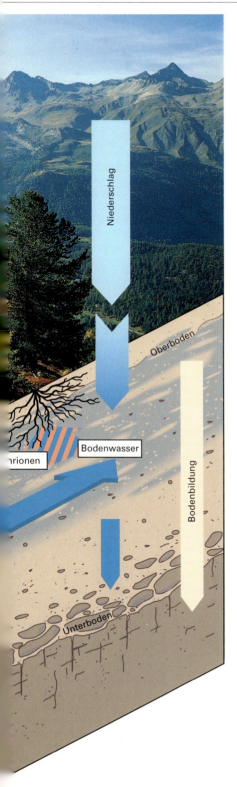

Landschaftshaushalt

Mit dem Begriff „Haushalt" beschreibt man die an einem Ort gegebene Abstimmung und Abhängigkeit aller Naturfaktoren voneinander. Bezogen auf einen größeren Raum spricht man dann von **Landschaftshaushalt.** Dieser setzt sich genau genommen aus vielen Teilhaushalten zusammen; sie bringen im Zusammenspiel zwischen belebter und unbelebter Natur die für die jeweilige Landschaft typischen Verhältnisse hervor. Die Landschaftsökologie versucht dieses komplexe Zusammenwirken aller Faktoren zu beschreiben und zu erforschen; das kann sowohl das **Wirkungsgefüge** in einer Großlandschaft oder in einem Flusstal sein, als auch an nur einem einzelnen Talhang.

Wasser-, Gas-, Nährstoff- und Mineralstoffhaushalt sind genau genommen Kreisläufe. Sie bestimmen den Haushalt jeder Landschaft, ergänzt durch die Prozesse der Bodenbildung, der Erosion und andere Verlagerungsvorgänge. Da sie vom Relief, vom Untergrundgestein und vom Wasserhaushalt abhängen, können sich die Verhältnisse auf kürzeste Entfernung ändern.

Jeder Landschaftshaushalt befindet sich in einem Gleichgewicht. Ändern sich einzelne Faktoren, so ändert sich in der Folge das gesamte System, bis ein neues Gleichgewicht erreicht ist.

1 Arbeite am Wirkungsschema heraus, welche Elemente zum jeweiligen Hauptfaktor Klima, Vegetation oder Boden zu rechnen sind.

2 Im Wirkungsschema ist nur ein Teilhaushalt ausführlicher dargestellt. Nenne Zusammenhänge und Richtungen der Prozessabläufe.

3 Welche Funktion hat die Vegetation im Landschaftshaushalt?

4 Teile das Schema in Bereiche ein, in denen die Teilhaushalte völlig unterschiedlich sein dürften.

TERRA Orientieren und Üben

Mechanische Abwasserreinigung:
1 Rechen (hält größere Schmutzteile zurück)
2 Sandfang
3 Vorklärbecken

Biologische Abwasserreinigung:
4 Belebungsbecken (Luft wird zugefügt, um die Arbeit der Bakterien zu verbessern)
5 Nachklärbecken

Chemische Abwasserreinigung:
6 Chemikalienbehälter
7 Flockungsbecken (chemische Reinigung)
8 Nachklärbecken (Schlammabsetzung)
9 Einleitung von gereinigtem Wasser

Schlammbehandlung und -beseitigung:
10 Schlamm
11 Schlammfaulturm (Schlamm fault → brennbares Gas)
12 Gasbehälter
13 Trockenbeete

1

Gewässergüte des Rheins 1975 und 1990

 Güteklasse I
- kaum verschmutzt, ideales Laichgewässer für Edelfische

 Güteklasse I-II
- gering verschmutzt, gesunde und gesicherte Artenvielfalt

 Güteklasse II
- mäßig verschmutzt, ertragreiches Fischgewässer

 Güteklasse II-III
- kritisch verschmutzt, Fischsterben infolge Sauerstoffmangels möglich

 Güteklasse III
- stark verschmutzt, periodisches Fischsterben

 Güteklasse III-IV
- sehr stark verschmutzt, Fischvorkommen kaum noch möglich

 Güteklasse IV
- übermäßig stark verschmutzt, biologisch totes Gewässer

2

[1] Gewässerschutz erfordert aufwändige Kläranlagen. Verfolge in Zeichnung (1) den Weg des Abwassers durch die verschiedenen Reinigungsabschnitte der Anlage. Was geschieht an den einzelnen Stationen der Kläranlage.

[2] a) Wie hat sich die Gewässergüte des Rheins zwischen Karlsruhe und Köln von 1975 bis 1990 geändert?
b) Überlege, welche Maßnahmen zu den Veränderungen geführt haben können.

[3] Mache folgendes Experiment zur Belastung des Wassers durch Reinigungsmittel:
Material: drei große Gläser, drei Blumentopfuntersetzer, Watte, Kressesamen, Messbecher, Frischhaltefolie, Geschirrspülmittel, Beschriftungsetiketten, Schreibstift.
Durchführung: Fülle eins der Gläser mit 100 ml Wasser. Gib einen Tropfen Geschirrspülmittel hinzu und rühre um. Lege Watte auf einen Blumenuntersetzer und tränke sie mit der angesetzten Flüssigkeit. Lege 20 Kressesamen in regelmäßigen Abständen darauf. Verschließe den Deckel luftdicht mit Frischhaltefolie und beschrifte ihn mit Menge und Art des Spülmittels und Datum.
Setze einen zweiten Versuch mit zehn Tropfen Spülmittel auf 100 ml Wasser an und einen dritten Versuch mit klarem Wasser.
Stelle alle Versuchsansätze an einem warmen, hellen Ort auf. Schreibe eine Woche lang deine Beobachtungen auf.

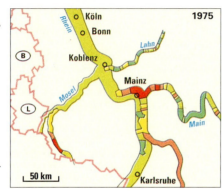

Gefährden wir die Erde?

4 Nenne die Gefahren, die durch eine verstärkte UV-Strahlung drohen.

5 Stelle die wichtigsten Ursachen zusammen, die man heute für den weltweiten Anstieg der Temperaturen (Treibhauseffekt) verantwortlich macht:

Treibhausgas	Hauptverursacher
...	...

6 Autoabgase tragen sowohl zum Treibhauseffekt als auch zur Belastung von Gewässern, Böden und Lebewesen bei. Führe folgenden Versuch zur Wirkung von Autoabgasen auf Pflanzen durch:
Material: Zwei Glasdeckel von Einmachgläsern, zwei Plastikbeutel (Größe ca. 20 x 30 cm), zwei Verschlussclips, Kressesamen, Haushaltspapier, Schere, Wasser, Beschriftungsetiketten, Schreibstift.
Durchführung: Schneide zwei runde Papierstücke aus Haushaltspapier aus, die in die Glasdeckel passen. Befeuchte das Papier und lege jeweils 20 Kressesamen in regelmäßigen Abständen darauf. Stelle in jede der beiden Plastiktüten einen Deckel hinein. Eine Tüte verschließe so mit einem Clip, dass sie durch Luft gewölbt ist. Den zweiten Beutel fülle an einem Autoauspuff mit Abgas. **Achtung:** Nicht direkt an den Auspuff halten (Hitze!) und beim Füllen nicht die Abgase einatmen (Luft anhalten). Den Beutel, ebenfalls gewölbt, luftdicht verschließen. Beide Beutel mit Art der Gasfüllung und Datum beschriften. Beobachte den Versuchsansatz drei Tage lang und schreibe die Veränderungen auf.

7 Die beiden Familien (Abb. 4) diskutieren, was jeder Einzelne zum Schutz der Ozonschicht und zum Klimaschutz tun kann. Sprecht über die Maßnahmen. Findet ihr selbst noch weitere Möglichkeiten?

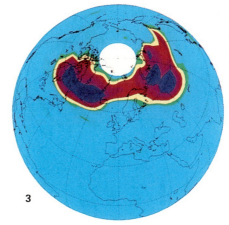

Ozonloch über der Nordhalbkugel, Februar 1993
An den roten Stellen wurden hohe Konzentrationen an Chlormonoxid gemessen. An den weißen Stellen wurden keine Messungen vorgenommen.

3

1 Wir leben in Einer Welt

2

Wir leben in Einer Welt

Es wird von Jahr zu Jahr spürbarer, dass wir alle in Einer Welt leben, ob im Süden, Norden, Osten oder Westen. Und diese Erfahrung ist manchmal schmerzlich. Was im Süden oder Norden geschieht oder versäumt wird, wirkt sich früher oder später auf andere Teile der Erde aus. Ob Brasilien seine Schulden bezahlen kann, ob Korea mehr Autos exportiert, ob Kolumbien den Drogenanbau bekämpft, ob im Sudan der Krieg zu Ende geht – alles hat Auswirkungen auf Europa und Nordamerika: auf die Höhe der Arbeitslosigkeit, auf die Zahl der Asylsuchenden, auf die Preise, auf vieles mehr.

Und umgekehrt: Ob in den USA die Zinsen steigen, ob Agrarüberschüsse aus der Europäischen Union verbilligt auf dem Weltmarkt verkauft werden, ob die Industrieländer Zölle weiter abbauen, ob der Norden Waffen exportiert, ob der Energieverbrauch bei uns steigt oder sinkt, ob wir die Umweltbelastung verringern – alles hat Auswirkungen auf den Süden, und sie sind oft gefährlicher als in der umgekehrten Richtung: Sie können über das Leben von Millionen von Menschen entscheiden. (3)

Eine Dritte Welt

Eine Welt

Waren, die man in Dritte-Welt-Läden kaufen kann:
Tee
Kaffee
Honig
Kakao
Zucker
Nüsse
Gewürze
Gewürzsaucen
Wein
Jutetaschen
Textilien
Kerzen

1

Erkundung im Dritte-Welt-Laden

Die Schülerinnen und Schüler befragen die Verkäuferin:

Was verkaufen Sie im Dritte-Welt-Laden?
Wir verkaufen verschiedene Lebensmittel aus Entwicklungsländern. Wir bieten auch Handwerksprodukte aus Holz, Keramik und Textilien an.
Übrigens: Den Namen „Dritte-Welt-Laden" finden wir gar nicht mehr passend. Wir möchten unseren Laden möglichst bald anders nennen.

Wer betreibt den Laden?
In unserem Ort ist eine kirchliche Jugendgruppe für den Laden verantwortlich. Die Jugendlichen übernehmen diese Arbeit ehrenamtlich.

GEPA = Gesellschaft zur Förderung der Partnerschaft mit der Dritten Welt

Woher bekommen Sie die Waren?
Wir beziehen die Produkte von einer großen Zentrale der GEPA. Sie führt die Waren direkt aus den Entwicklungsländern ein.

Wer stellt die Waren her?
Die Erzeugnisse kommen hauptsächlich von Kleinbauern, die in Genossenschaften zusammengeschlossen sind. Die handwerklichen Produkte kommen aus Kleinbetrieben. Wir achten darauf, dass die Produkte möglichst umweltschonend hergestellt werden.

Wie wirtschaften solche Genossenschaften?
Die Genossenschaften verkaufen ihre Produkte direkt an unsere Lieferzentrale. Der Zwischenhandel ist somit ausgeschaltet. So erzielen die Bauern bessere Preise für ihre Waren als auf dem freien Markt. Die Genossenschaft bekommt im Augenblick 3,06 Dollar für ein Kilogramm Kaffee. Der Weltmarktpreis liegt dagegen nur bei 1,76 Dollar. Die Genossenschaft gibt aber nicht die gesamten Einkünfte an die Bauern weiter. Ein Teil wird zur Finanzierung der Gemeinschaftseinrichtungen gebraucht.

Woher bekommen denn die großen Kaffeefirmen Kaffee?
Sie kaufen auf dem Weltmarkt ein. Hier schwanken die Preise, denn sie sind von Angebot und Nachfrage abhängig. Besonders seit 1989 ist der Preis stark gefallen, weil die Handelsbeschränkungen aufgehoben wurden.

Welche Folgen hat das für die Erzeugerländer?
Der Kaffee-Export ist für viele Länder eine wichtige Einnahmequelle. Wenn keine Einnahmen aus dem Export erzielt werden, können diese Länder auch selber keine Einfuhren bezahlen. Außerdem fehlt ihnen das Geld, die Lebensverhältnisse ihrer Bevölkerung zu verbessern. Erst ein gerechter Preis für die Waren aus den Entwicklungsländern führt zu grundlegenden Verbesserungen.

Eine Welt

Viele Entwicklungsländer beziehen ihr Einkommen fast nur aus dem Verkauf ihrer Rohstoffe oder Urprodukte. Besonders die Länder, die nur wenige Produkte exportieren können, sind in einer schwierigen Lage. Preisschwankungen oder Ernteausfälle können verheerende Folgen für ihre Wirtschaft haben.

Die Bauern erhalten für ihre Produkte nur einen geringen Teil von dem Preis, den wir dafür im Laden bezahlen müssen. Schon in den Entwicklungsländern selber beginnt der „Wertzuwachs" der Waren.

2 Verschiedene Kaffeeangebote

1 Der „Wertzuwachs der Alpaka-Wolle" ist ein Beispiel. Berechne die einzelnen Verdienstspannen.

2 Tabelle (3): Erkunde die Preise der Waren im Geschäft und berechne, wie viel der Erzeuger für seine Arbeit bekommt.

3 Stellt eine Liste zusammen: Waren aus Entwicklungsländern in unseren Geschäften. Aus welchen Ländern kommen die Waren? Was erfahren wir über ihre Herstellung?

4 Der „Dritte-Welt-Laden" soll umbenannt werden. Macht Vorschläge.

Vom Verkaufspreis	
für Kakaobohnen erhält der Bauer	4 %
für Bananen erhält der Bauer	2–5 %
für Erdnüsse erhält der Bauer	12 %
für Kaffee erhält der Bauer	25 %
für Tee erhält die Pflückerin	3 %

3

4 Wertzuwachs der Alpaka-Wolle, umgerechnet in DM pro kg

Das erhält der Besitzer der Tiere für die nicht gereinigte und sortierte Rohwolle vom Aufkäufer.

Und das bekommt er, wenn er die Rohwolle gereinigt und nach Farben sortiert hat.

Für diesen Preis verkauft der Zwischenhändler die grob gereinigte Rohwolle an die verarbeitende Industrie.

Die verarbeitende Industrie verkauft zu diesem Preis superfeines Garn ins Ausland.

Zu diesem Preis verkauft eine Importfirma in der Bundesrepublik das Kilo im Großhandel. Transport, Versicherung und Zölle betragen etwa 30 %.

Das bezahlt der Verbraucher für ein Kilo 100 % Alpakahandstrickgarn in einem Wollgeschäft.

Eine Welt

Welt-handel
oder wie die Armen ärmer, die Reichen aber reicher werden

Ein Bauer in Armland.
Der Ertrag seiner Felder reicht zu einem bescheidenen Leben.
Eine schlechte Ernte bedeutet Hunger und Armut.

Da kommt der Mann aus Reichland.
Er macht einen Vorschlag, der Geld bringt (wem?).

Für den Start Geräte, Saatg und Dünger Bei dem Man Reichland ka man das kauf

Der Ernteertrag war gut, aber der Mann aus Reichland kann nicht gut dafür bezahlen: Der Baumwollpreis auf dem Weltmarkt ist in diesem Jahr so niedrig.

Die Schuldzinsen aber sind fällig.
Sie fressen den Ernteerlös auf.

Die Sache entwickelt sich vorteilhaft (für wen?).

Der Bauer aus Ar redet mit seinen F den. Er will mit ih zusammen die Ba wolle im eigenen weiterverarbeiten

Preisgünstige Ware hat jeder gern –
außer der Konkurrenz in Reichland.

Preisgünstige Waren sind gefährlich –
für den Markt und seine Preise in Reichland.

Deshalb werden die Einfuhrmengen eingeschränkt.

Und die Verkaufs durch Zollzahlung hochgedrückt.

Eine Welt

Ungleicher Handel

[1] Interpretiere den Comic.
a) Um was geht es in der Bildgeschichte?
b) Beschreibe die Preis- und Absatzsituation auf dem Weltmarkt und begründe sie.

[2] Welche Probleme ergeben sich aus der außenwirtschaftlichen Situation für das „Armland"?

[3] Wie lässt sich die Rolle der Menschen aus „Armland" und „Reichland" beschreiben?
In welcher Art Beziehung stehen sie zueinander?

Aktion BROT FÜR DIE WELT, Stuttgart 1978
Idee: Berthold Burkhardt
Gestaltung: Christof Sandberger, Stuttgart

Eine Welt

Was der Comic etwas vereinfachend beschreibt, ist die Begegnung zweier ungleicher Partner im Welthandel. Deren Folgen lassen sich an den **Terms of Trade** ablesen, dem internationalen Austauschverhältnis der Werte von Import- und Exportgütern.

Auf dem Weltmarkt begegnen sich zwei Anbieter, deren Ware sehr ungleiches „Gewicht" im Welthandel hat:
- die Industriestaaten mit ihren Technologieprodukten und deren hohen Preisen,
- die Entwicklungsländer, von denen viele immer noch mineralische oder pflanzliche Rohstoffe zum Export anbieten müssen.

Das Problem: Mit dem Verkaufserlös aus dem Export der Rohstoffe müssen die Entwicklungsländer ihre Importe aus den Industrieländern bezahlen, auch den Aufbau ihres Landes und ihre Schulden. Und der Wert der Rohstoffe am Weltmarkt fällt nicht nur seit Jahren, er ist wegen seiner schnellen Schwankungen auch kaum zu kalkulieren.

Kaffee zum Beispiel ist – zusammen mit Erdöl – das wichtigste Exportprodukt der Dritten Welt. Und die Entwicklung des Kaffeepreises ist ein Lehrstück für den einseitigen Verfall der Terms of Trade. Noch 1985/86 verdienten die Entwicklungsländer 14,2 Mrd. Dollar am Kaffee, 5 Jahre später nur noch 5,5 Mrd. Dollar. 1985 reichte der Export von 92 Säcken Kaffee, um einen deutschen Kleinlastwagen zu bezahlen. Ende 1989 mussten dafür bereits 300 Sack exportiert werden.

Für die schwache Stellung der Rohstoffe gibt es viele Gründe, nicht zuletzt die Überproduktion einzelner Länder.

4 Vergleiche die Preise in der Tabelle (4) für Baumwolle und Autos. Erkläre daran das Problem der Terms of Trade für die „Rohstoffländer".

5 Die Entwicklungsländer fordern seit langem eine „neue Weltwirtschaftsordnung". Was müsste man darin berücksichtigen?

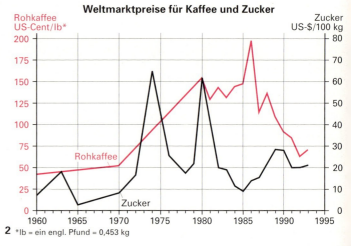

2 *lb = ein engl. Pfund = 0,453 kg

Anteil des Kaffees an den Exporteinnahmen 1992:

Uganda	91 %
Burundi	81 %
Äthiopien	62 %
Ruanda	60 %
Kenia	35 %
El Salvador	26 %
Guatemala	21 %
Kolumbien	17 %
Brasilien	3 %

3

In den Regalen vieler Geschäfte und Supermärkte stehen seit einiger Zeit neue Kaffeesorten. Sie sind mit einem „TransFair"-Siegel gekennzeichnet. Es garantiert dem Käufer, dass die Kleinbauern im Erzeugerland einen besseren (fairen) Preis für ihre Arbeit erhalten. Sie können so ihren Lebensstandard verbessern, aber auch ihre Arbeitsbedingungen produktiver gestalten. Im Prinzip ein neuer Weg Entwicklungshilfe zu leisten.

Preisentwicklung für Baumwolle und Autos

Jahr	Baumwolle (in DM je t)	VW-Golf (in DM)
1974	4348	7995
1976	3615	8795
1978	2872	9626
1980	3419	10462
1982	3942	12115
1984	5483	13750
1986	2331	14595
1988	2790	16295
1993	2217	22430

4

5

Eine Welt

Viele Bauern in Kenia roden ihre Kaffeesträucher
Preisverfall am Welt-Kaffeemarkt macht den Anbau unrentabel

Nairobi, im Januar.
Am Kenia-Berg in Kirinyaga, einem der Kaffeeanbaubezirke Kenias, haben Bauern schon begonnen Kaffeesträucher auszureißen. Andere bauen zwischen den Sträuchern Gemüse an: Tomaten, grüne Bohnen, Kartoffeln, Mais, sogar Bananen.

Die Bauern verhalten sich marktgerecht. Sie produzieren das, was sich am besten verkaufen lässt, und stellen zurück, was die Kosten nicht deckt. Der Kaffee deckt die Kosten nicht mehr, seit das Internationale Kaffeeabkommen[1] im Juli 1989 zusammengebrochen ist und die Preise gesunken sind.

Die Produktion einer Tonne Kaffee kostet die kenianischen Bauern etwa 40 000 Kenia-Schillinge. Das sind rund 3500 DM. Die staatliche Vermarktungsbehörde aber zahlt den Bauern seit langem kaum noch den Gestehungspreis. Heute bringt die Tonne umgerechnet nur noch 2600 DM, ein Viertel weniger als der Selbstkostenpreis.

Die Regierung allerdings bleibt dabei, Kaffee müsse einer der wichtigsten Devisenbringer des Landes bleiben. 1988 brachte der Kaffee umgerechnet 475 Mio. DM ins Land, der Tourismus 634 Mio., der Tee 360 Mio. Kenia hängt weiterhin stark vom Kaffee ab.[2] Der Zusammenbruch des Kaffeemarktes wird daher nicht nur ernste Folgen für die Bauern, ihre Genossenschaften und Vorarbeiter, sondern für die ganze Volkswirtschaft haben. Geringere Deviseneinnahmen bedeuten weniger Importe an Halbwaren und Ersatzteilen für die Industrie, Mangel an Fertigwaren und noch mehr Arbeitslosigkeit.

(Frankfurter Allgemeine Zeitung, 8. 1. 1990)

Textauswertung/ Gliederung

Abschnitt 1
Situations-
beschreibung

Abschnitt 2
Erklärung für das
Verhalten der
Kaffeebauern:

Rückwirkungen
des Weltmarktes
auf die Ent-
scheidung der
einzelnen
Produzenten

Erklärung für
das Verhalten
der Regierung:

Rückwirkungen
des Welthandels
auf die Entwick-
lung der Volks-
wirtschaft...

Leitfragen Erschließungsfragen

Was spielt sich ab?

Welche Gründe haben die Kaffeebauern?

Welche Argumente hat der Staat?
Welche Folgen für die Wirtschaft?

---

ergänzende Information

**1
Kaffee-Abkommen**
Im Juli 1992 einigten sich die K.-Produzenten auf die Festlegung von Ausfuhrquoten, um die K.-Preise zu stabilisieren, die Mitte 1992 ihren tiefsten Stand seit 1977 erreicht hatten. (Harenberg-Kompaktlexikon)

**2
Kenia**
Export: 54% Nahrungsmittel (v. a. Kaffee u. Tee), 22% Industriebedarf...
Import: 38% Industriebedarf, 21% Brenn- und Schmierstoffe, 20% Maschinen und Kapitalgüter
...
(Fischer-Weltalmanach 1995)

Eine Welt

Natürlich gibt es in Brasilien viel Kaffee
... aber es gibt auch Flugzeuge, Computer, Schiffe, Maschinen, Werkzeuge, Moden aller Art, einen äußerst breiten Fächer von Produkten für jeden Verbraucher.

MADE IN BRAZIL

1 (Aus einer brasilianischen Wirtschaftsanzeige in Deutschland)

Cardoso will soziale Gerechtigkeit für Brasilien

Der neue brasilianische Präsident Cardoso hat bei seiner Amtseinführung den Kampf für soziale Gerechtigkeit als vorrangiges Ziel seiner Regierung genannt. „Uns fehlt die soziale Gerechtigkeit", sagte Cardoso. Diese zu erlangen, sei „die große Herausforderung Brasiliens zum Ende des Jahrhunderts". Von 160 Millionen Einwohnern Brasiliens leiden Schätzungen zufolge 30 Millionen Menschen an Unterernährung, etwa 60 Millionen Brasilianer leben in Armut.

3 Frankfurter Allgemeine Zeitung, 3.1.1995, S. 4

Entwicklung durch Industrie? Beispiel Brasilien.

Brasilien – ein Entwicklungsland? Viele Brasilianer werden dem nicht mehr ohne weiteres zustimmen. Aber selbst Staatspräsident Cardoso bestätigt 1995, dass entsprechende Verhältnisse noch immer gegeben sind. Wenn man nämlich unter „entwickelt" die Beteiligung breiter Volksschichten am wirtschaftlichen und sozialen Fortschritt versteht, dann gibt es noch große Defizite.

Brasilien auf dem Weg zum Industrieland?

Wer nur auf Wirtschaftsdaten, Industrieprodukte, Anteil der Exportgüter oder auf die gesamte wirtschaftliche Wertschöpfung schaut (Brasilien gehört zu den 10 Ländern mit dem größten BSP), der erlebt ein anderes Brasilien.

Ein Land also mit zwei Gesichtern. Genau das ist das Problem auch anderer **Schwellenländer.** So bezeichnet man die Entwicklungsländer, die in Teilbereichen ihrer Entwicklung bereits die Standards der Industrieländer aufweisen, also die „Schwelle" zur Industrialisierung und „Modernisierung" bereits überschritten haben.

Von seinen natürlichen Ressourcen her ist Brasilien ein reiches Land. Es hat große und exportbedeutsame Lagerstätten an mineralischen Rohstoffen wie Eisenerz, Manganerz, Aluminiumerz oder Zinnerz. Bedeutsam sind auch seine pflanzlichen Rohstoffe wie Kaffee, Kakao, Soja, Zucker oder Apfelsinen; auch das Holz zählt hierzu. Zwar fehlen nennenswerte Vorräte an Erdöl und Kohle, dafür gibt es aber große Reserven für die Energiegewinnung aus Wasserkraft.

Brasiliens Export

1971 2 903 Mio.$
Maschinen, Fahrzeuge, Geräte — Kaffee — Eisenerz

1992 36 103 Mio.$
Kaffee — Industriegüter — Eisenerz und andere Bergbauprodukte

■ landw. Produkte
■ Bergbauprodukte, Industriegüter und andere Güter

2

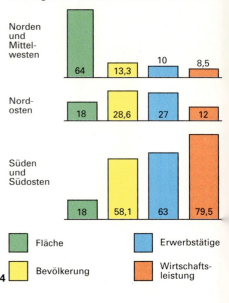

Die Regionen Brasiliens (Anteile in % 1990)

Norden und Mittelwesten: 64 | 13,3 | 10 | 8,5
Nordosten: 18 | 28,6 | 27 | 12
Süden und Südosten: 18 | 58,1 | 63 | 79,5

■ Fläche   ■ Erwerbstätige
■ Bevölkerung   ■ Wirtschaftsleistung

4

Eine Welt

Brasilien ist ein Land großer räumlicher Ungleichheiten. Im Norden und Mittelwesten erstrecken sich weite, dünn besiedelte Gebiete; im Südosten und Süden hat sich der Wirtschafts- und Bevölkerungsschwerpunkt herausgebildet. Dies gilt besonders für das Städtedreieck São Paulo–Belo Horizonte–Rio de Janeiro. Die arme Bevölkerung besonders im Nordosten zieht auf der Suche nach Land in den Regenwald Amazoniens oder auf der Suche nach Arbeitsplätzen in die Städte des Südostens.

Das Land ist so groß wie der halbe Kontinent Südamerika.
Welchen Entwicklungsweg gibt es für das fünftgrößte Land der Erde?

1 a) Kennzeichne die regionalen Ungleichheiten Brasiliens, indem du die Werte der Diagramme (4) auf die Karte (5) beziehst.
b) Vertiefe diese Aussagen anhand einer Karte der Bevölkerungsverteilung (Atlas).

2 Typisiere Brasilien als „Schwellenland". Nimm dazu die Diagramme (2) und den Text zu Hilfe.

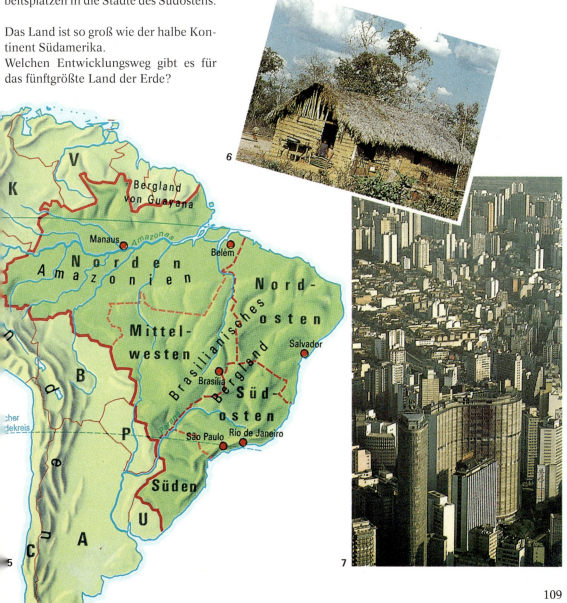

6
Hütte eines Kleinbauern im Nordosten

7
Innenstadt von São Paulo
(16 Mio. Einwohner)

Eine Welt

1. Der Plan

- Wirtschafts- und Wohlstandsentwicklung lässt sich nur durch den Aufbau einer leistungsfähigen Industrie erreichen.
- Die Industrie ist nur dann leistungsfähig und entwicklungsfördernd, wenn sie Produkte für den Export erzeugt und mit Industriegütern am Welthandel teilnimmt.
- Zu dieser Industrialisierung braucht man viel Kapital, eine Infrastruktur und das Know-how der Industrieländer.

Das alles ist in notwendigem Maße nicht in Brasilien vorhanden.

2. Der Weg

Notwendige „Mittel" aus dem Ausland beschaffen
2 a) durch Direktinvestitionen ausländischer Firmen = Gründung von (Zweig-)Werken mit entsprechender Technologie
2 b) durch staatliche Kreditaufnahme (Schulden) bei ausländischen Banken

Einsatz der Mittel für:

| Großprojekte (Energie) | Erschließung von Bodenschätzen | Finanzierung von Ölimporten |

Aufbau der Infrastruktur

8 Das „Brasilianische Modell" der Entwicklung durch Industrialisierung (ab 1970)

Modelle funktionieren in der erwarteten Weise – so lange, wie die Grundannahmen gleichbleiben. Das hat jahrelang auch für das Brasilianische Modell der schnellen nachholenden Industrialisierung gegolten. Die brasilianische Volkswirtschaft erlebte einen nie gekannten Aufschwung, man sprach Anfang der 70er Jahre von einem „Wirtschaftswunder".

Die ausländischen Kredite ermöglichten große Projekte (vor allem zur Energieversorgung), und ausländische Firmen kamen in großer Zahl. Nach den USA lagen deutsche Firmen mit 500 Gründungen (1978) an zweiter Stelle vor Japan. 1988 hieß es in einem Zeitungsbericht: „Rund 18 % der deutschen Investitionen entfallen jeweils auf den Fahrzeug- und Maschinenbau, etwa 14 % auf Elektronik und Chemie. Die meisten deutschen Firmen entscheiden sich für São Paulo als Standort. In der Wirtschaftsmetropole des Landes gibt es heute etwa 700 Unternehmen mit einer wesentlichen deutschen Beteiligung. Sie beschäftigen über 300 000 Menschen, hinzu kommen mehrere 100 000 indirekte deutsch-brasilianische Arbeitsplätze." Heute (1995) gibt es 1027 deutsche und deutsch-brasilianische Firmen, davon 800 im Großraum São Paulo.

Doch ab 1973 begannen auch schon die Probleme.
- Massive Rückwirkungen kamen vom Welthandel: Die Rohölpreise schnellten in die Höhe (1973 und 1979) und die Terms of Trade für andere Rohstoffe verschlechterten sich. Man brauchte plötzlich immer mehr Kredite nur dafür, Importe zu finanzieren.
- Im Lande selbst wurden viele Projekte teurer als geplant und die Probleme des Wirtschaftens auf Kredit hatte man unterschätzt.

Das Ende des Modells war schließlich eine Wirtschaftskrise als Folge der ständig steigenden **Auslandsverschuldung**. Immer schwieriger wurde es, Kredite zurückzuzahlen; schließlich musste man Kredite im Ausland aufnehmen, nur um Zinsen für andere Kredite ins Ausland zurückzuzahlen.

Das größte Problem aber ist die Enttäuschung der vielen Millionen Armen im Lande. Zwar hatte die Wirtschaft große Fortschritte gemacht, bei den Armen war davon aber fast nichts angekommen. Der Abstand zwischen Arm und Reich war sogar noch größer geworden.

Eine Welt

3. Das Ziel

Einnahmen durch den Verkauf der Industrieprodukte
- bei einer kleinen kaufkräftigen Schicht im Lande
- über den Export als:

Devisen

3 b) Rückzahlung der Kredite (Schulden) und Zinsen

3 a) Mittel für Investitionen (außerhalb der Industrie)

Entwicklung

zum

Industrieland

---

3 Kennzeichne in einer Art „Kurzbeschreibung" die Merkmale des Modells.

4 Das Modell setzt voraus, dass vom Welthandel (Terms of Trade) keine großen negativen Veränderungen kommen. Die problematische Stelle ist der Zusammenhang zwischen der staatlichen Kreditaufnahme im Ausland und der Rückzahlung der Kredite und Zinsen (2b und 3b im Schema 8). Überlege und begründe mögliche Schwierigkeiten. Der Erdölpreis spielt dabei eine besondere Rolle.

10

„Als wahre Schuldenverdoppler wirken die gebundenen Kredite, die den Entwicklungsländern seit Jahrzehnten aufgezwungen werden. Brasiliens Staatschef erhielt zwar bei seinen Besuchen in Frankreich und Deutschland Darlehen, die sein Land im Augenblick vor der Zahlungsunfähigkeit bewahren. Aber er bekam sie nur unter der Bedingung, dass er Industriegüter, Schiffe, Bahnmaterial und Kraftwerksanlagen kaufte."
(Frankfurter Rundschau, 1981)

Anteil am brasilianischen Export, der zur Rückzahlung der Auslandsschulden benötigt wird:

Jahr	Anteil
1984	37 %
1985	42 %
1986	36 %
1987	33 %
1988	29 %
1989	27 %
1990	26 %
1991	25 %
1992	25 %

11

Ein Beispiel für Direktinvestitionen deutscher Firmen: VW do Brasil bei São Paulo.
Über 1000 weitere deutsche Firmen haben ein Zweigwerk in Brasilien.

Eine Welt

Der Zusammenhang: Schulden – Export – Rohstoffausbeutung

Seit den 70er Jahren hat es aus Brasilien immer wieder „Erfolgsmeldungen" gegeben. Vier davon stehen auf dieser Doppelseite.
Wirklich Erfolgsmeldungen?

1965 bis 1985 wurde die Anbaufläche für Soja von 432 000 ha auf über 90 Mio. ha vergrößert.
• Vorrangig für den Export.

Ende der 70er Jahre hieß es für Autofahrer und Autoindustrie: Benzin sparen – Zucker fahren! Gemeint war der aus Zuckerrohr gewonnene Alkohol (Äthanol) als Benzinersatz. Die Anbaufläche für Zuckerrohr wurde vor allem von den Großgrundbesitzern drastisch erhöht – vielfach auf Kosten der Kleinbauern oder Pächter und deren Nahrungsmittelerzeugung.
• Zur Verringerung der Kosten für die Erdölimporte.

Für die Herstellung der Menge Alkohol, die eine Tonne Rohöl ersetzt, werden 16,6 t Zuckerrohr benötigt.
Pro Liter Alkohol fallen ca. 13 Liter sogenannte Schlempe an. Wenn diese ungeklärt in die Flüsse geleitet wird, bedeutet das erhebliche Wasserverschmutzung.
Bis heute ist die Alkoholproduktion wirtschaftlich unrentabel und nur mit hohen staatlichen Subventionen konkurrenzfähig.
Wem nutzt die Alkoholherstellung?

12

1984 wurde in Itaipu das größte Wasserkraftwerk der Welt fertiggestellt. Weitere große Stauseen und Kraftwerke entstehen zur Zeit in Amazonien.
• Zur Verringerung der Kosten für die Erdölimporte.

Eine Welt

Im 1980 wurde mit dem Projekt Grande Carajás im Regenwald Amazoniens begonnen (Seiten 86/87). Erschlossen wurde das größte Bergbaugebiet der Erde.
Für den Export.

Wer verdient an Carajás?
Allein für das Ferro-Carajás-Projekt (Eisenerztagebau einschließlich Eisenbahnlinie und Hafen) musste Brasilien ausländische Kredite in Höhe von 1,77 Mrd. US-$ aufnehmen. Die Kredite kamen:
600 Mio. $ von der EG (1982),
304 Mio. $ von der Weltbank,
122 Mio. $ von der bundeseigenen Kreditanstalt für Wiederaufbau in Deutschland,
100 Mio. $ von der Dresdner Bank und Morgan Guaranty Trust,
500 Mio. $ von japanischen Banken,
129 Mio. $ von amerikanischen Privatbanken.
Im Gegenzug sicherten sich Japan, die USA und die EG durch langfristige Verträge den Zugriff auf das brasilianische Erz zu Preisen unter dem Weltmarktniveau. Fast ein Drittel der Erzproduktion wird an die europäische Stahlindustrie geliefert. Mit 58 % sind daran die deutschen Unternehmen Thyssen, Mannesmann, Krupp und Arbed Saarstahl die größten Abnehmer.
Carajás – so die Kritiker – werde die staatlichen Investitionskosten niemals wieder einfahren.
(Misereor, 1993)

5 Die Schuldenproblematik zeigt, dass man Großprojekte und Rohstoffexporte nicht isoliert betrachten darf. Sie sind meist Teil eines größeren und komplizierteren Zusammenhangs. Erläutere diesen Zusammenhang und nenne Beispiele.

6 Die Schuldenproblematik ist bekannt. Dennoch suchen die meisten Entwicklungsländer ausländische Kredite und Privatinvestitionen. Welche Gründe gibt es dafür?

Schulden haben (fast) alle …
Gemeint sind hier die Auslandsschulden der Entwicklungsländer bei den Industriestaaten oder deren Banken. Das wäre nicht unbedingt ein Problem, wenn die wirtschaftliche Leistungsfähigkeit des jeweiligen Landes groß genug wäre. Aber oft sind die Schulden so hoch, dass schon heute feststeht: Zusammen mit den Zinsen werden bestimmte Länder ihre Schulden nie mehr tilgen können. Allein die Zahlung der Zinsen frisst jedes Jahr einen Großteil der Exporteinnahmen.
An Schuldentilgung und Zinszahlung fließt zur Zeit mehr Geld aus den Ländern der Dritten Welt in die reichen Industriestaaten als umgekehrt. Die Weltbank, der größte Kreditgeber, bindet neuerdings die Vergabe neuer Kredite an bestimmte Auflagen unter dem Motto: Sparen und Exportieren!
Sparen bedeutet dann immer: Preiserhöhungen, Lohnstopp und andere Maßnahmen. Und die treffen zuerst wieder die Armen.
Und Exportieren bedeutet meist: mehr Monokultur in der Landwirtschaft oder Steigerung der Rohstoffexporte.
Aber ist Entwicklung ohne Kredite überhaupt möglich?

Auslandsschulden (1993)

Brasilien	132 Mrd. $
Mexiko	114 Mrd. $
Indonesien	84 Mrd. $
Indien	76 Mrd. $
Türkei	54 Mrd. $
Philippinen	48 Mrd. $

15

Die Länder der Dritten Welt schulden der Bundesrepublik Deutschland 121 Mrd. DM. (Mitteilung der Bundesregierung 1994)

… und läuft und läuft …

14

Eine Welt

Dorf im Westen von Burkina Faso (bei Bobo-Dioulasso)

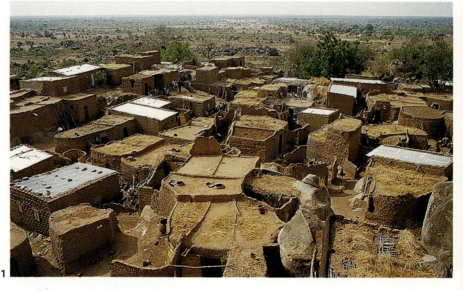

1

Burkina Faso
Einwohner 1996:
10,8 Mio.
90 % der Bevölkerung leben in ländlichen Siedlungen.

Ein „**Länderbericht**", wie ihn das Statistische Bundesamt in Bonn über viele Länder der Erde veröffentlicht. Die Länderberichte enthalten alle wichtigen aktuellen Daten, die von kurzen Berichten kommentiert werden.

Hilfe zur Selbsthilfe. Beispiel Burkina Faso.

Aus dem „Länderbericht Burkina Faso" 1992:
„Burkina Faso gehört zu den kleineren Staaten Afrikas (77 % der Fläche der Bundesrepublik). Nach klimatischer Gliederung durchziehen mehrere Hauptlandschaften B. F.: Im Nordosten die Sahelzone, die sich weiter nach Südwesten und Süden vorschiebt. Dann die Savannenzone: von Norden her zuerst als breite Übergangszone die Trockensavanne, dann im Südwesten die Feuchtsavanne.
Die ärztliche Versorgung der Bevölkerung ist unzureichend. Im Durchschnitt stand für die Versorgung von 31 300 Einwohnern nur ein Arzt zur Verfügung.
Etwa neun Zehntel der Erwerbstätigen sind in der Landwirtschaft, überwiegend in der Subsistenzwirtschaft, tätig. Rund neun Zehntel der Anbaufläche dienen der Selbstversorgung. Vom selbst erzeugten Getreide gelangen nur etwa 15 % auf den Markt. Infolge von Dürreperioden ergaben sich unterschiedlich hohe Getreidedefizite.
Auf das Hauptnahrungsmittel Hirse entfallen etwa drei Viertel der Anbaufläche. Zur Selbstversorgung werden außerdem Mais, Reis, Bohnen sowie verschiedene Knollenfrüchte wie Jams, Maniok und Süßkartoffeln angebaut. Wichtige landwirtschaftliche Ausfuhrgüter sind Baumwolle, Lebendvieh, Erdnüsse und Tabak. Der Baumwollanbau erfolgt zu über 80 % im Westteil des Landes. Hauptgebiet der Weidewirtschaft ist der trockene Nordwesten des Landes.
B. F. besitzt umfangreiche Bodenschätze, die lange Zeit wegen mangelnder Infrastruktur und hoher Investitionskosten kaum genutzt werden konnten.
Das Verarbeitende Gewerbe, auf das etwa 15 % des Bruttoinlandprodukts entfallen (1989), beschränkt sich weitgehend auf die Verarbeitung heimischer Produkte (Nahrungsmittel, Getränke, Textilien). Ferner bestehen Metallverarbeitungsbetriebe, Montagebetriebe für Fahrräder und Mopeds sowie eine Zigarettenfabrik. Die Verarbeitung von Häuten und Fellen ist bisher der einzige nennenswerte exportorientierte Zweig des Verarbeitenden Gewerbes."

Außenhandel Burkina Faso, 1991/93

Import: 144 Mio. $ davon:	**Export:** 145 Mio. $ davon:
31 % Industriegüter	63 % Baumwolle
25 % Nahrungsmittel	10 % tierische Nahrungsmittel
24 % Maschinen/Transportausrüstungen	
16 % Brennstoffe	8 % Gold
	5 % Häute/Felle

2

Eine Welt

Wanderarbeiter auf dem Weg zur Elfenbeinküste (Côte d'Ivoire)

3 Die dürregefährdete Landwirtschaft ist für eine schnell wachsende Bevölkerung keine ausreichende Existenzgrundlage. Da es nur wenige gewerbliche Arbeitsplätze gibt, spielt seit Jahren die **Wanderarbeit** eine wichtige Rolle. Auf 500 000 bis 2 Mio. schätzt man die Zahl der jungen Männer, die in den Küstenstädten des Nachbarstaates Elfenbeinküste (Côte d'Ivoire) Arbeit finden. Burkina Faso war von 1919 bis 1960 französische Kolonie und ist seither ein selbstständiger Staat. Wie viele andere Staaten Afrikas ist es ein armes Land. In der Klassifizierung der UN gehört es zu den „Least Developed Countries" (LLDC), den **am wenigsten entwickelten Ländern.** Ein Entwicklungsland kann auf eigenen Antrag offiziell in die Gruppe der LLDC eingestuft werden, wenn es drei Merkmale erfüllt (in Ausnahmefällen wenigstens zwei davon):
– Pro-Kopf-Einkommen unter 473 $,
– Industrieanteil am BSP unter 10 %,
– Anteil der Analphabeten an den unter 15jährigen mindestens 80 %.
Ein solches Land erhält besondere Vergünstigungen, z. B. bei der Kreditvergabe. 1991 lagen 29 von 42 LLDC-Ländern in Afrika.

[1] Kennzeichne Burkina Faso als ein LLDC-Land. Stelle dazu alle die Merkmale zusammen, die Text, Tabelle (2) und Atlaskarten ergeben.

[2] Interpretiere die Karte (4). Welche Probleme sind mit einer solchen Klassifizierung verbunden?

Auch die Weltbank, die über die jeweils neuesten Strukturdaten verfügt, teilt die Länder der Erde in unterschiedliche Gruppen ein.
Einziges Kriterium: das Pro-Kopf-Einkommen (= BSP/Einwohner).

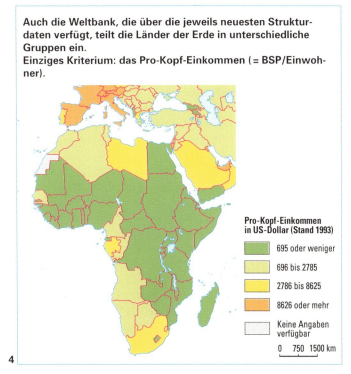

Pro-Kopf-Einkommen in US-Dollar (Stand 1993)
- 695 oder weniger
- 696 bis 2785
- 2786 bis 8625
- 8626 oder mehr
- Keine Angaben verfügbar

4

Eine Welt

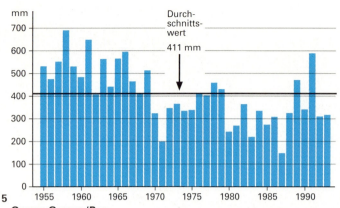

5 Gorom Gorom (Burkina Faso): Niederschlag in den Jahren 1955–1993

6 Ein wichtiger Schritt: Mitarbeiter werden für das Projekt ausgebildet.
An einem Modell erklärt ein Wasserbauingenieur des Deutschen Entwicklungsdienstes die Aufgabe von Erosionsschutzwällen.

Jedes Jahr warten die Bauern im Norden des Landes – und das ist dort fast die gesamte Bevölkerung – auf das Einsetzen der kurzen Regenzeit, damit die Aussaat beginnen kann. Kommt dann der Regen, bleiben immer zwei Fragen: „Reichen die Niederschläge aus, damit die Pflanzen auch reifen können?" Und: „Regnet es gleichmäßig verteilt während der Wachstumszeit?" Denn wegen der „Unzuverlässigkeit" der Natur kommt es immer wieder zu Dürreperioden.

Dürre bedeutet oft Hungersnot. Eine der schlimmsten war im Jahr 1973/74, damals schlossen sich junge Bauern zusammen und bildeten sogenannte „Naam"-Gruppen. Als Naam wird in Burkina Faso ein Zusammenschluss von gleichberechtigten Menschen bezeichnet. Ihr Ziel ist es, gemeinsam den Teufelskreis von Dürre, Hungersnot und Armut zu durchbrechen. Sie knüpfen dabei an alte Traditionen an.

Zunächst ging es darum, das Niederschlagswasser aufzufangen, um es für den Anbau besser zu nutzen und den Boden vor Abspülung zu bewahren. Denn wenn es hier regnet, dann meist nur sehr kurz und heftig. Oft können die ausgetrockneten Böden die Wassermassen nicht in kurzer Zeit aufnehmen. Dann fließt ein großer Teil des Wassers an der Oberfläche ab und steht den Pflanzen nicht zur Verfügung. Zudem schwemmt es fruchtbaren Boden fort.

Früher hatte das keine schwerwiegenden Folgen, weil die natürliche Vegetation um die inselartig angelegten Felder diese Vorgänge bremste. Heute, bei schnell wachsender Bevölkerung, werden mehr Felder angelegt und ohne Ruhepause bepflanzt. Erosion und Übernutzung bedrohen also hier die Ressource Boden und damit die Grundlage fürs (Über)leben.

Die Arbeit der Naam-Gruppen war so erfolgreich, daß sie vom Ausland unterstützt wurde. Auch die Deutsche Welthungerhilfe war zur **Entwicklungszusammenarbeit** bereit. Sie unterstützt Berater und stellt Geld zur Verfügung. Aber das Geld wird nicht verschenkt. Davon werden vor Ort Nahrungsmittel gekauft, die zur Bezahlung dienen.

6

Doch das war nur der erste Schritt. Die Bauernfamilien müssen in die Lage versetzt werden, das gespeicherte Wasser sorgfältiger zu nutzen. Die jungen Anpflanzungen, zu denen dann auch Bäume gehören, müssen vor weidenden Tieren und auch vor Menschen geschützt werden, die Brennholz suchen.

Eine Welt

Ebenso müssen auch Ernährung und Gesundheit der Bevölkerung so verbessert werden, dass Eltern die Zahl der Geburten von sich aus begrenzen, weil sie wissen, dass ihre Kinder überleben werden.

So hat sich allmählich aus vielen Einzelmaßnahmen ein **integriertes Projekt** herausgebildet. Nur eines hat sich nicht geändert: Die Hilfe von außen bleibt Hilfe zur Selbsthilfe.

Heute soll diese Hilfe vor allem den Anbau von Marktprodukten fördern, damit das Einkommen der Bauern steigt. Das gelingt auch, aber: Die Männer haben jetzt weniger Zeit für den Anbau zur Eigenversorgung – das müssen nun die Frauen alleine schaffen, und sie sind ohnehin schon überlastet. Hier liegen dann die nächsten Aufgaben für Entwicklungsprojekte.

8

Ziel der Bundesregierung für die Entwicklungshilfe:
– Hilfe zur Selbsthilfe
– Ein gutes Projekt muss sich an die Zielgruppe selbst richten.

Programm der Regierung von Burkina Faso:
– Ernährungssicherung aus eigener Kraft

9

8 und 9 Bodenwälle sollen das Einsickern des Regenwassers fördern und die Erosion durch Wind und Wasser verringern.
Damit sich das Wasser nicht nur unmittelbar hinter dem Wall staut, werden weitere Furchen (mit Querriegeln) gezogen. Das gibt dann die sogenannten „Kammerfurchen". Das Wasser bleibt stehen und versickert langsam.

3 Ein chinesisches Sprichwort sagt: Gib einem Hungernden einen Fisch, und er wird einen Tag satt. Lehre ihn Fischen, und er wird nie mehr hungern.
Welche Idee von „Hilfe" soll damit verdeutlicht werden?

4 Erläutere das technische Prinzip des Erosionsschutzes und der Wasserspeicherung mit Hilfe der Bodenwälle.

5 Das Konzept „Hilfe zur Selbsthilfe" löst eine Vorstellung von Entwicklungshilfe ab, die sich als nicht wirksam erwiesen hat. Welche Hilfe ist wohl gemeint?

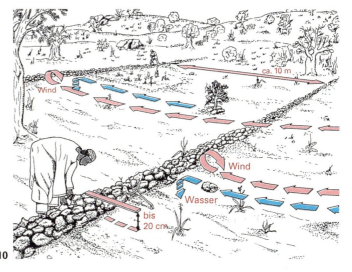
10

Eine Welt

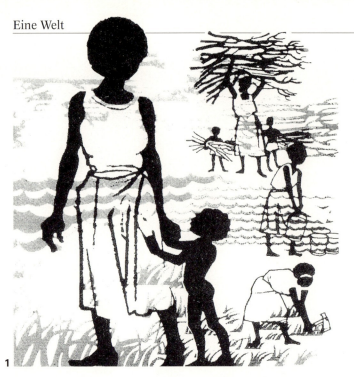

Entwicklung ruht auf vielen Schultern ...

... zum Beispiel auf den Schultern derer, die Entwicklungsprojekte durchführen und Hilfe organisieren. Aber das sind nur wenige, und fast immer leiten Männer die Projekte.
... zum Beispiel auf den Schultern von Unternehmern, Geldgebern, Großgrundbesitzern, Politikern. Und auch hier trifft man vorzugsweise auf Männer.
... zum Beispiel auf den Schultern von Stammesältesten, Familienvätern, gut ausgebildeten Söhnen, Handwerkern, Wanderarbeitern ... Sie gelten als Ernährer der Familien und beanspruchen Rechte und Vorrechte.
Spätestens hier wird das Problem deutlich. Denn für das Leben und Überleben, für Erziehung, Ernährung oder Altenpflege sorgen in den meisten Teilen der Dritten Welt – vor allem bei den Armen – die Frauen.
Erst langsam wird bewusst, wie viele Entwicklungsmöglichkeiten von ihrer Leistung abhängen. Erst heute entdeckt man auch für Entwicklungsprojekte die Frauen als wichtigen Partner.

1

Ein Mann ging mit einem Korb voller Kürbisse zum Markt, um sie dort zu verkaufen. Auf dem Weg fragte ihn jemand:
„Wessen Früchte verkaufst du da?"
„Meine natürlich", antwortete der Bauer.
„Wer hat sie ausgesät?"
„Meine Frau."
„Wer hat sie gegossen und das Unkraut gejätet?"
„Sie, wer sonst".
„Und wer hat die Früchte geerntet?"
„Nun, sie macht alle diese Arbeiten."
„Ja, warum sind dies aber deine Kürbisse?"
„Nun, sie ist meine Frau!"

Frauen haben, insbesondere im ländlichen Raum von Entwicklungsländern, eine Schlüsselrolle bei der Nutzung von natürlichen Ressourcen wie Boden, Wasser und Wald.
Aufgrund der geschlechtsspezifischen Arbeitsteilung werden Frauen zu „Verwalterinnen" der Natur. Frauen sind daher die ersten Opfer von Umweltzerstörung.
Da sie oft zu den Ärmsten der Armen gehören, sind sie gezwungen, für das tägliche Leben weiteren Raubbau zu betreiben.

2

FRAUENARBEIT

in den Ländern der Dritten Welt

- Frauen führen den **Haushalt**.
- Frauen sorgen für die **Kindererziehung**.
- Frauen bewirtschaften den **Boden** und produzieren – z. B. in Afrika – über 80 % der Nahrungsmenge. Dies geschieht vorrangig für den Familienbedarf. In vielen Ländern sind sie aber zusätzlich als Arbeitskraft im Anbau von Marktfrüchten (cash-crops) beschäftigt. Ihre Arbeit: Hacken, Aussaat, Unkrautjäten, Ernten, Transportieren. Sie tragen schwere Lasten über weite Strecken.

Eine Welt

Ein integriertes Projekt in Gambia kann als Beispiel dienen. Statt nur Nahrungsmittel aus Deutschland zu liefern, regte man 1976 im Dorf Bureng am Gambia-Fluss ein Projekt zur Selbsthilfe an. Es richtete sich ausschließlich an Frauen. Die Ziele: Arbeitserleichterung beim Reisanbau, Verbesserung von Ernährung und Gesundheit – aber auch Anerkennung der Frauen als gleichberechtigte Partner.

Ein besonderes Ausbildungsprogramm hilft ihnen beim Reisanbau. Sie erhalten Ratschläge für die Lagerung, die Verarbeitung und den Verkauf von Reis. Einfache Geräte erleichtern ihnen die Feldarbeiten. Für den Kauf von Arbeitsgeräten gibt es günstige Kredite und der Reis für das Saatgut muss erst nach der Ernte zurückgegeben werden. Um die einseitige Ernährung zu überwinden, werden gemeinsame Gemüsegärten bewirtschaftet.

Inzwischen haben sich die Lebensbedingungen der Frauen in Bureng verändert. Durch die Ernährungs- und Gesundheitsberatung haben sie besser wirtschaften gelernt. Ihre Arbeitsbelastung hat sich verringert, durch zusätzliche Einkommen sind sie unabhängiger geworden, und vor allem haben sie neues Selbstvertrauen gewonnen.

Die Frauen von Bureng bei ihrer Arbeit an der Reis-Dreschmaschine

Der Gemüsegarten hat eine wichtige Rolle für eine gesündere Ernährung

- Frauen (und Kinder) sind zuständig für die Beschaffung von **Holz**. Brennholz zum Kochen, zum Heizen und als Lichtquelle sowie zur Herstellung verschiedenster Produkte wie z. B. Seife oder Öl. In vielen Kulturen sorgen sie auch für die Instandhaltung von Hütten und Zäunen und sie haben Kenntnisse über die pflanzliche Medizin aus Wald- und Buschpflanzen.

- Frauen (und Kinder) versorgen den Haushalt mit **Wasser** für die verschiedensten Zwecke. Das bedeutet oft kilometerlange Wege in Trocken- und Dürrezeiten. Sie müssen schwere Behälter auf dem Kopf tragen und das Wasser für den täglichen Bedarf (zum Kochen, Geschirrwaschen, Kinder baden und Trinkwasser) bereithalten.

Eine Welt

1 Staudamm Gallito-Ciego

Großprojekte oder Kleinprojekte?

Das Jequetepeque-Projekt in Peru

Abgeschlossener Ausbau
- Stauwerk
- Hauptkanal mit Be- und Entwässerungskanälen
 ganzjährig bewässerte Anbauflächen, davon Neuland
o o o aufgelassene Dörfer

Geplanter Ausbau
 ganzjährig bewässerte Anbauflächen, davon Neuland
 Kraftwerk

In Peru, an der trockenen Westküste Südamerikas, ist seit Jahrhunderten künstliche Bewässerung üblich. Aber die Wasserführung der Flüsse schwankt erheblich und die Bevölkerung wächst. Ohne sichere Bewässerung lassen sich die Ernten nicht steigern.

Ein großes Bewässerungsprojekt liegt in der Flussoase des Jequetepeque im Norden des Landes. Hier wirtschaften mehrere Großbetriebe. Ein Direktor von ihnen, Señor Lopez, erklärt: „Der Staudamm und der Ausbau unserer Bewässerungs- und Entwässerungskanäle waren dringend notwendig. Sehen Sie, wir bauen Zuckerrohr und Reis an. Den Zucker exportieren wir. Für den Erlös können wir neue Maschinen kaufen. Und mit dem Reis versorgen wir die Menschen in Lima und anderswo. Der Staudamm dient der wirtschaftlichen Entwicklung unseres Landes."

Weiter oben am Fluss, dort wo das Tal enger wird, leben vor allem Kleinbauern. Sie sehen das anders. „Wir haben wenig von dem Projekt", stellt Señor Molino fest. „Viele von uns Campesinos müssen sogar Felder und Häuser aufgeben, weil sie überflutet werden. Die Entschädigungen waren gering. Wir haben hier Mais, Bohnen und Viehfutter angebaut. Davon konnten wir gut leben. Was haben wir vom Zuckerexport? Nicht einmal die Baumaßnahmen haben uns viel gebracht. Da waren doch nur fremde Firmen tätig. Die Kosten für das Projekt aber zahlen wir alle. Allein die Rückzahlung des geliehenen Geldes wird bis zum Jahr 2015 dauern."

Das Bewässerungsprojekt am Jequetepeque wurde von der deutschen Entwicklungshilfe mit 500 Millionen Mark unterstützt. Es ist ein **Großprojekt**.

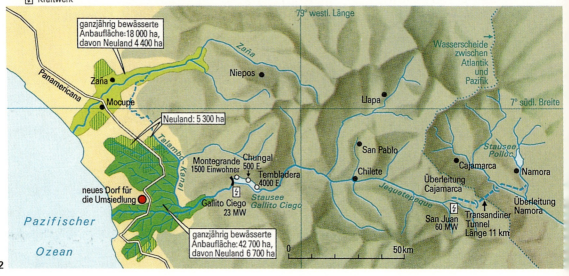

2

Ganz anders sieht es im Tal des Vilcanota bei Cuzco im Süden des Landes aus. Dort leben vor allem Kleinbauern. Sie bauen Mais, Kartoffeln, Weizen und Gemüse für den eigenen Bedarf an. Wenn die Nahrungsmittelerzeugung nicht mit dem Bevölkerungswachstum Schritt hält, sehen sich immer mehr Menschen gezwungen, in die Städte abzuwandern.

„Seit der Inkazeit haben wir hier uralte Bewässerungsanlagen", erklärt Señor Blanco, ein Kleinbauer. „Viele sind verfallen. Wir müssen sie besser nutzen und ausbauen. Deshalb haben wir am Vilcanota und seinen Nebenflüssen viele kleine Staubecken angelegt und Felder eingeebnet, um sie zusätzlich bewässern zu können. Die Alemanos, die Deutschen, haben uns dabei geholfen."

Einer der deutschen Entwicklungshelfer ergänzt: „Wir wollten natürlich, dass die Menschen in diesem Gebiet neuen Mut schöpfen. Deshalb haben wir mit dem Projekt ergänzende Maßnahmen verbunden: die Schulung in Bewässerungs- und Anbautechniken, den Ausbau der Trinkwasserversorgung, die Beratung in Ernährungs- und Gesundheitsfragen. Trotzdem ist es für die Menschen hier überschaubar geblieben. Es ist ein typisches **Kleinprojekt**, das sicherlich auch ohne uns weiterlaufen wird."

Einweihung eines Staubeckens im Tal des Vilcanota

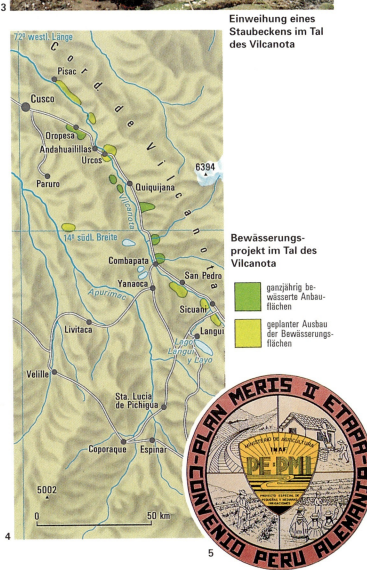

Bewässerungsprojekt im Tal des Vilcanota

ganzjährig bewässerte Anbauflächen

geplanter Ausbau der Bewässerungsflächen

1 a) Beschreibe in Karte (2) die bereits durchgeführten Baumaßnahmen.
b) Welche Maßnahmen sind an der Küste, welche in den Anden noch geplant?

2 a) Beschreibe in Karte (4) die durchgeführten Baumaßnahmen.
b) Vergleiche die Größe der Bewässerungsflächen mit der am Jequetepeque.

3 Vergleiche die Fotos (1) und (3) und sprich über die Vor- und Nachteile von Groß- und Kleinprojekten.

4 a) Suche im Atlas die Karte von Peru und ordne die beiden Kartenausschnitte ein.
b) Trotz der Größe Perus ist die Anbaufläche dort nur so groß wie Nordrhein-Westfalen, etwa 34 000 km². Suche nach einer Erklärung.

Eine Welt

Fernsehen in Afrika (hier in der Republik Niger)

Wie im Norden – so auf Erden?

Das Fernsehen bringt uns in Europa Bilder aus Indien, Afrika oder China. Da begegnen uns andere Sitten, andere Landschaften, aber auch vieles, was von uns bekannt ist: Autos, Hochhäuser, Industrie oder moderne Kleidung.
Bis die Kamera hinter die Fassaden schaut. Dann erleben wir Alltagsszenen, die meist zeigen, wie – vergleichsweise – gut es uns geht.
Was nun, wenn Inder oder junge Leute aus Niger vor dem Fernseher sitzen. Von ihrem eigenen Land wird meist das gezeigt, was man für Fortschritt hält. Und von der übrigen Welt? Da sind selbst die Berichte über den Alltag in Deutschland oder Australien Berichte aus dem Leben der Reichen. Dorthin, so scheint es, führt also **Entwicklung**.
Wirklich?

Fortschritt = Entwicklung, die dazu führt, dass sich die Lebensqualität für die Mehrheit der Menschen verbessert.

> Entwicklung heißt zunächst einmal nichts anderes als Wandel bestehender Verhältnisse.
> „Es ist notwendig, zwischen qualitativer und quantitativer Entwicklung zu unterscheiden. Quantitative Entwicklung bedeutet sozusagen, wie schnell ein Zug fährt; qualitative Entwicklung bedeutet, wohin er fährt (z. B. in Richtung auf eine vorrangige Befriedigung der Grundbedürfnisse möglichst vieler Menschen oder aber der gehobenen Konsumwünsche reicher Verbraucher).
> Wenn man bei diesem Bild bleibt, so lautet die erste und wichtigste Frage, ob der Zug überhaupt fahren kann, das heißt: Sind die Mindestvoraussetzungen für Entwicklung gegeben? Falls er fahren kann, so lautet die nächstwichtige Frage, wohin er fährt. Erst dann kann eigentlich die Frage nach der Geschwindigkeit interessieren. In vielen Staaten verläuft aber Entwicklung gerade umgekehrt; dort scheint mehr die Geschwindigkeit als das Ziel zu interessieren …"
> (nach Wöhlcke, 1991)

Eine Welt

Es ist nicht gleichgültig, welche Vorstellung über die Fahrtrichtung des Zuges, also über das Ziel von Entwicklung besteht.
Denn davon hängt die Frage ab: Entwicklung für wen? Wer hat den Nutzen davon?

> Gib einem Hungernden einen Fisch, und er wird einen Tag lang satt. Lehre ihn Fischen, und er wird nie mehr hungern.
> (Chinesisches Sprichwort)

> We want to modernize,
> but not to westernize!
> (Südostasiatischer Regierungssprecher)

> Entwicklung ist „nachholende Entwicklung" im Sinne der westlichen Zivilisation.

> Nur wo es gelingt, die Selbsthilfe der Armen zu aktivieren, können dauerhafte Entwicklungsfortschritte erzielt werden.
> (Denkschrift der katholischen Arbeitsgruppe Justitia et Pax)

> Entwicklung muss in ihrer Wirkung dauerhaft sein, nachhaltig, tragfähig (sustainable development). Sie muss so ablaufen, dass die Bedürfnisse der Gegenwart befriedigt werden, ohne zu riskieren, dass künftige Generationen ihre eigenen Bedürfnisse nicht mehr befriedigen können. Das heißt vor allem eine umweltverträgliche und Ressourcen schonende Entwicklung.

Über Entwicklung nichts Neues ...
1980 hat der ehemalige Bundeskanzler Willy Brandt als Leiter einer Kommission im Auftrag der UN einen Bericht zu Fragen der Entwicklung in der Welt vorlegt. Im Vorwort schrieb er damals – und daran hat sich nichts geändert:
„Es gilt, von der ständigen Verwechslung zwischen **Wachstum** und Entwicklung loszukommen. ... Wir müssen uns von der Vorstellung frei machen, unser Problem ergebe sich allein daraus, dass ‚entwickelte' Länder existieren und solche, die ‚entwickelt' werden wollen. Im übrigen ist ja auch im Norden der technologische und ökonomische Entwicklungsprozess noch keineswegs abgeschlossen, und es wird mittlerweile heftig darüber diskutiert, wie künftiger Fortschritt aussehen soll – mit andersartigen Technologien und einer weniger verschwenderischen Art zu leben.
Vorstellungen über Wachstum im Norden haben sich zu wenig mit der Qualität von Wachstum beschäftigt ... Einheitliche Modelle, die für alle gültig sein können, gibt es nicht."

3

1 Aus der Plakatwerbung des Bundesministeriums für Wirtschaftliche Zusammenarbeit 1995:
„Keine Hälfte der Welt kann ohne die andere Hälfte überleben. Helfen wir der anderen, ihre Übervölkerungsprobleme zu lösen, damit die Erde nicht für uns alle zu klein wird!"
Nimm zu der Aussage Stellung.

„Es war eine hübsche kleine Palmen-Oase, bevor die Entwicklungshelfer kamen."

4

Gewusst wie …

Gewusst wie … man Informationen sammelt, auswertet und darstellt

Wie könnt ihr denn nun vorgehen, wenn ihr euch im Rahmen einer Gruppenarbeit intensiver mit einem bestimmten Thema befassen wollt oder wenn ihr für ein Referat Informationen braucht? Das Schulbuch kann nicht alle Themen ausführlich behandeln. Und da es mehrere Jahre lang in Gebrauch ist, müssen vor allem dann auch andere Quellen hinzugezogen werden, wenn ihr sehr aktuelle Entwicklungen verfolgen wollt.

Die Informationen an sich sind schon wichtig, es geht aber auch darum, was ihr damit anfangt, wie ihr sie auswertet und wie ihr sie für euch selbst oder für andere darstellt. Diese Doppelseite will euch dazu einige Anregungen geben.

1. Schritt
Informationen sammeln
- aus Konversationslexika, Länderlexika und Fachbüchern in Bibliotheken
- aus Atlaskarten
- aus geografischen Fachzeitschriften („Geographische Rundschau", „geographie heute", „Geographie und ihre Didaktik", „Geographie und Schule", „Praxis Geographie")
- aus wöchentlichen Magazinen und Tageszeitungen
- aus jährlich veröffentlichten Statistiken (z. B. „Statistisches Jahrbuch der Bundesrepublik Deutschland", „Weltalmanach", „Weltbevölkerungsbericht" der UNO, „Statesman's Yearbook", „FAO-Yearbook" …)
- aus Veröffentlichungen von Bundesministerien (Wirtschaftsministerium oder Ministerium für wirtschaftliche Zusammenarbeit)
- durch Interviews mit Experten und Menschen aus Entwicklungsländern
- und digital von CD-Roms oder über den On-line-Anschluss eurer Schule

... man Informationen sammelt, auswertet und darstellt

Wichtig ist auch der 3. Schritt, die Präsentation eurer Ergebnisse, denn so erreicht ihr eine „Öffentlichkeit", ihr könnt die erarbeiteten Informationen weitergeben und die Früchte eurer Arbeit werden sichtbar.

TIPP
So kann man für eine Ausstellung seine eigenen großformatigen Karten zeichnen: Man befestigt ein Stück Karton im Format A1, zum Beispiel die Rückseite eines Posters, mit Heftstreifen an der Wand und projiziert mit einem Tageslichtprojektor die gewünschte Karte darauf. Jetzt muss nur noch nachgezeichnet werden und schon hat man eine topografische Grundlage für eine thematische Karte.

2. Schritt
Informationen auswerten
- das zusammengetragene Material sichten
- das für das Projektthema wichtige Material auswählen
- Daten vergleichen und auf diese Weise überprüfen
- Verlässlichkeit der Datenquellen diskutieren
- Darstellungsform der ausgewählten Daten und Informationen besprechen (Text, Tabelle, Zeichnung, Karte)
- Grundkonzeption der Präsentation beraten

3. Schritt
Informationen darstellen
- mit einer Ausstellung in eurer Schule (Schautafeln, Schaukasten)
- in einem Beitrag für das Jahrbuch
- an einem Stand in der Fußgängerzone
- in einem Gespräch mit einem Vertreter der lokalen Tagespresse
- durch die Teilnahme an einem Schülerwettbewerb (z. B. der Bundeszentrale für politische Bildung)
- durch Briefe an öffentliche oder private Institutionen (z. B. die im 1. Schritt erwähnten Ministerien)
- durch die Gründung einer Dritte-Welt-AG an eurer Schule
- durch die Zusammenarbeit mit karitativen, kirchlichen oder politischen Arbeitskreisen
- durch die Vorbereitung eines Projektes für die Projektwoche

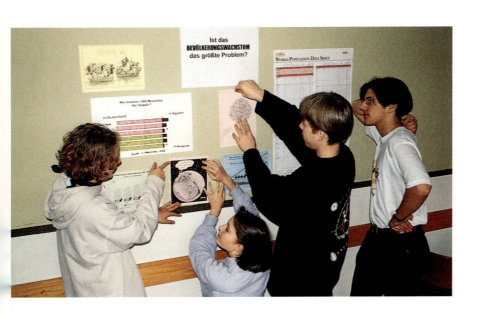

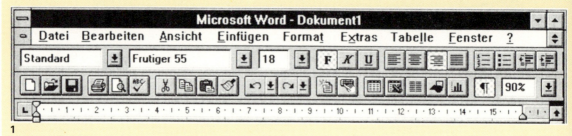

1 Fenster in einem Textverarbeitungsprogramm

Referat
Referat
Referat
Referat
Referat
Referat
Referat
Referat
Referat
Referat

... und wie dabei der Computer hilft

Dass man zu einem bestimmten Thema ein Referat halten muss, kommt in den höheren Schuljahren häufig vor. Eine solche Aufgabe lässt sich gut mit Hilfe des Computers bewältigen. Natürlich kann der Computer nicht die intensive Beschäftigung mit dem Thema ersetzen. Beim Schreiben und bei der Gestaltung des Textes ist der Computer aber eine hervorragende Hilfe.

Als Software benötigt man ein gutes Textverarbeitungs-Programm. Wenn das Referat aufwendigere Tabellen und Grafiken enthalten soll, ist auch eine Tabellenkalkulation vorteilhaft. Möchte man Abbildungen aus Büchern einbringen, ist der Scanner ein weiteres wertvolles Hilfsmittel. Über Datenimport lassen sich die Inhalte von anderen Programmen in den Referatstext einarbeiten.

Wer am Computer noch nicht so geübt ist, kann die Programme natürlich auch getrennt nutzen und Grafiken und Abbildungen später an den vorgesehenen Stellen in den gedruckten Text einkleben.

Die Vorteile beim Schreiben eines Textes mit Hilfe des Computers: Man kann einfach und schnell korrigieren und den Text je nach Wunsch gestalten, z. B. verschiedene Schriftarten und ein geeignetes Layout wählen. Rechtschreibfehler lassen sich durch eine integrierte Rechtschreibprüfung ermitteln und beseitigen. Durch Umstellen von Wortgruppen oder ganzen Absätzen kann man den Text anders gliedern.

[1] Abb. (3) zeigt die mit dem Computer gestaltete Gliederung zu einem Erdkunde-Referat mit den vorgesehenen Grafiken. Es dient dem Referenten als Vorlage für seinen Vortrag. Gleichzeitig kann es als sogenanntes „Handout" nach dem Referat an die Zuhörer ausgeteilt werden.
Untersucht die Gestaltungsmerkmale des Textes: inhaltlicher Aufbau, Schriftarten, Layout, eingefügte Abbildungen.
[2] Prüft die euch zur Verfügung stehenden Möglichkeiten am Computer. Welche Programme sind vorhanden? Welche Kenntnisse habt ihr bzw. welche fehlen euch, um den PC für Referatstexte nutzen zu können?
[3] Arbeitet Referate zu Erdkundethemen mit Hilfe des Computers aus. Es bietet sich auch die Zusammenarbeit mit dem Fach Deutsch an.

2

... und wie dabei der Computer hilft

zu Beginn Thema des Referates an die Tafel schreiben!

Das Ungleichgewicht zwischen Industrieländern und Entwicklungsländern im Welthandel

Einführung: Was ist Welthandel?

Welthandel ist die Gesamtheit des Außenhandels auf der Welt, also vor allem der Austausch und Verkauf von *Waren*. Folge der weltweiten Arbeitsteilung. Außer Waren gehören heute auch *Dienstleistungen und Kapital* dazu. Typische *Welthandelsgüter*: wichtige Bodenschätze wie Erdöl und Eisenerz, landwirtschaftliche Güter wie Baumwolle, Kaffee usw., Industriegüter.

Geschichte:
Erdumfassender Welthandel erst seit dem 19. Jahrhundert (durch Entwicklung der Verkehrsmittel.)
Welthandelsboom seit Mitte des 20. Jahrhunderts. (Steigerung des Handelswertes von 1950 bis 1993 von 50 Mrd. US-Dollar).

Grafik als Folie zeigen

Anteile am Welthandel:
Westliche Industrieländer: 79,4 %
Entwicklungsländer: 19,2 %
Reformländer (= ehemalige Ostblockländer): 1,4 %

Ursachen für das Missverhältnis im Welthandel:

1. Industrieländer exportieren hauptsächlich hochwertige *Industriegüter* mit stabilen Preisen.

Entwicklungsländer exportieren vorwiegend *Rohstoffe* mit schwankenden Preisen auf dem Weltmarkt, *einseitige Handelsstruktur*, Folge der Nachwirkungen kolonialer Handelsabhängigkeit:

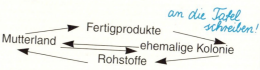

an die Tafel schreiben!

Die führenden Weltexportländer 1995

Tabelle als Folie zeigen!

	Wert der Ausfuhr in Mrd. US-Dollar
1. USA	584,7
2. Deutschland	511,9
3. Japan	443,3
4. Frankreich	286,8
5. Großbritannien	242,0
6. Italien	231,3
7. Niederlande	195,5
8. Kanada	192,2
9. Hongkong	173,8
10. VR China	148,8

2. Die Entwicklungsländer sind nur mangelhaft in den Welthandel eingebunden: Handelshemmnisse der Industriestaaten durch Zölle, Mengenbeschränkungen usw. verhindern Importe von Konkurrenzgütern aus den Entwicklungsländern.

3. Hohe Kreditsummen der Industriestaaten an die Entwicklungsländer haben eine *hohe Verschuldung* bewirkt. Zinszahlungen oft mehr als die Hälfte des Exportwertes aller Waren eines Landes höher als neu gewährte Kredite.

4. Die Tauschwerte zwischen Rohstoffen und Industrieprodukten („*terms of trade*") verschlechtern sich ständig, d.h. die Entwicklungsländer sind auf immer weitere Kapitalhilfe mit neuer Verschuldung angewiesen – ein „Teufelskreis".

Neue Weltwirtschaftsordnung der UNO (NWWO) seit 1974; Ziel: freierer und gerechterer Welthandel, bisher aber nur wenig Erfolg.

Haupt-Exportgüter von Ruanda

Sachverzeichnis

Agrarfonds	36, 37
Agrargenossenschaft	32, 33
Agrarpolitik	36, 38
alternativer Anbau	38
arbeitsintensive Industrie	61
Assoziierungsabkommen	20
Auslandsverschuldung	**110**, 111, 113
Ausstellung	125
Befragung	65
Binnenmarkt	11, 13, **16**, 17
Boden	92–97, **118**
Bodenbildungsprozess	**92**, 97
Brandrodung	86, 87
City	66, 68, **69**
Computer	126
Daseinsgrundfunktion	**66**
Datenerhebung	65
Dauerkulturbetrieb	30
Dritte-Welt-Laden	102, 103
EFTA	20, 21
Einheit	9
Emission	57, 92
Entwicklung	19, 108, 110, 111, 113, **122**, 123
Entwicklungshilfe	117, 120
Entwicklungsprojekt	118
Entwicklungszusammenarbeit	**116**
Erkundung	102
EUREGIO	22, 23
Europäische Gemeinschaft (EG)	**10**, 11–13, 18, 20, 113
Europäische Gemeinschaft für Kohle und Stahl (Montanunion)	10
Europäische Kommission	14, 15
Europäische Union (EU)	4–6, 10, **11**, 12–21, 23–27, 34–37, 101
Europäische Wirtschaftsgemeinschaft (EWG)	10, **16**, 24, 36
Europäische Zentralbank	12
Europäischer Gerichtshof	14, 15
Europäischer Rat	14, 15
europäischer Umweltschutz	83
Europäisches Parlament (EP)	14, 15
Experiment	98
Experteninterview	64
Familienbetrieb	30–32
Flächenstilllegung	37, 39–41
Fließband	**46**
Forschungs-/Technologietransfer	**51**
Fotodokumentation	65
Futterbaubetrieb	30
Gemischtbetrieb	**30**
Großprojekt	113, **120**, 121
Großstadt	**75**
Gruppenarbeit	**46**
Hilfe zur Selbsthilfe	114, 117
Hochwald	**95**
Holz	94, 95, **119**
Immission	91
Indianer	87
Industriezweig	45
Infrastruktur	**57**, 110, 114
integriertes Projekt	**117**, 119
Internationale Bauausstellung Emscherpark (IBA)	52, 53
Just-in-time	**46**, 47
Kaffee-Abkommen	107
Kartierung	64
Kleinprojekt	120, **121**
Klimadiagramm	7
Landschaftshaushalt	**97**
Landwechselwirtschaft	86
Lebenszyklus eines Produkts	45
Maastrichter Vertrag	11, **12**, 13, 14
Marginalien	41
Marktfruchtbetrieb	30
Massenproduktion	45, 46
Millionenstadt	**77**
Ministerrat	14, 15
Mischviertel	66
nachwachsende Rohstoffe	37, 39
Nährstoffkreislauf	88, 94
neue Technologie	61

Niederwaldwirtschaft	95	**Wasser**	116–118, **119**	

Niederwaldwirtschaft	95
Ozonloch	99
Planwirtschaft	32
Rationalisierung	28, 30
Rechnungshof	**14**
Referat	21, 124, 126
Reform	**17**, 39
Rekultivierungsmaßnahme	**54**
Römische Verträge	10, 11
Sanierung	**56**
Säulendiagramm	21, 27
saurer Regen	**90**, 91, 93
Schwellenland	**108**, 109
Stadtentwicklungsmodell	**74**, 75
Stadtentwicklungsphasen	**70**
Stadtviertel	66
Standortfaktor	47, **50**
Strukturhilfe	21
Struktursizze	**41**
Strukturwandel	30, 31, **48**, 49, 55, 58, 59
Subsistenzwirtschaft	114
technischer Fortschritt	**44**
Technologiepark	50, 51
Technologiezentrum	50, 51, 55
Terms of Trade	**106**, 110, 111, 127
Textauswertung	40, 107
Textverarbeitung	126
Treibhauseffekt	80, 89, 99
Trinkwasser	80–83, 99
Über(schuss)produktion	37–40, 106
Umstrukturierung	**56**
Verdichtungsraum	**74**, 77
Veredlungsbetrieb	**30**, 31
Verstädterung	**77**
Verwitterung	35, **92**, 93, 96
Vielfalt	**8**, 9
Viertelsbildung	66
Wachstum	14, **123**
Waldsterben	**90**
Wanderarbeit	**115**
Wasser	116–118, **119**
Wasserangebot	80
Wasserverbrauch	80, 81
Welthandel	25, 104, 106, 110, 111, 127
Weltmarkt	36, 57–59, 103, 105–107
Wirkungsgefüge	**97**
Wirtschafts- und Währungsunion	**12**

Bildnachweis

Titelseite:
   Auscape International, Strawberry
   Hills, Australien
Bossemeyer, Bilderberg, Hamburg
Kunitsch, Münster
Lazi, Stuttgart
Mangold, Ottobrunn
Müller-Moewes, Königswinter
Superbild, München

BASF Schwarzheide GmbH,
   Schwarzheide: 56.1
Bayerische Landesanstalt für
   Bodenkultur und Pflanzenbau,
   München: 93.8 (Diez)
Bilderberg, Hamburg: 26.1, 86.6
Brasilien Nachrichten, Osnabrück:
   113.14
Brot für die Welt, Stuttgart: 104/105
Bundesministerium für Raumordnung,
   Bauwesen und Städtebau,
   Bonn: 73.6
Bundesverband der deutschen Gas- und
   Wasserwirtschaft e. V., Bonn: 81.5
CDZ, Stuttgart: 79
Commission des Communautés
   Européennes, Brüssel: 12.1
CoTEC, Cottbus: 55.5 (Weisflog)
Deutsche Luftbild, Hamburg: 63.3
Deutsche Welthungerhilfe, Bonn:
   119.3
Deutscher Entwicklungsdienst, Berlin:
   116.6 (Dudeck), 117.8+9 (Dudeck)
dpa, Frankfurt/M.: 10.1, 18.1,
   28.1, 88.2
ELMOS GmbH, Dortmund: 51.2
Europäische Kommission, Brüssel
   (Ref. 95-50-13): 14.1

Focus-Magazin, München: 9.4
Food and Agriculture Organization of the United Nations, Rom: 119.4 (Faidutti)
Ford-Werke AG, Köln: 46.1
Fotoarchiv Essen: 72.2-3 (Christoph)
Frankfurter Allgemeine Zeitung vom 4.1.1985: 100.2
Gamma, Paris: 122.1 (Chiasson/Liaison)
Geodia, Göttingen: 64.1, 65.4, 67.1-6, 69.4, 124.2, 125.4
Globus-Kartendienst, Hamburg: 15.3, 37.3, 61.2, 83.5, 89.3, 127 o. r.
Grohe, Kirchentellinsfurt: 109.7
Groß, J., Wettringen: 22.2
Hackenberg, Drensteinfurt: 32.1
Haitzinger, München: 63.2
Historisches Museum, Frankfurt/M.: 42.1
Huber, Garmisch-Partenkirchen: 96.1 (van Hoorick)
IBA Emscher Park GmbH, Gelsenkirchen: 52.3, 53.4+5
Industrial Development Agency of Ireland, Stuttgart: 18.5
Jansen, Werner, Meppen: 16.1
Jürgens, Berlin: 105.2
Klotz, Bernhard, Verl: 102.1, 103.2
Kohlhepp, Tübingen: 109.6
Kommunalverband Ruhrgebiet, Essen: 49.3
Kroß, Eberhard, Bochum: 120.1
Lade, Frankfurt/Main: 72.1 (Keres), 73.7 (Assmann)
Landesgartenschau Lünen 1996 GmbH, Lünen: 53.6
Lausitzer Braunkohle AG, Senftenberg: 54.1 (Rauhut)
LEG Landesentwicklungsgesellschaft Nordrhein-Westfalen GmbH, Düsseldorf: 52.2
Luftbild Elsässer, Stuttgart: 30.1
Moog, Essen: 48.1
Müller-Brunke, Bernau: 9.6
NASA, Washington: 99.3
PMI/INSTRUPA, Bad Homburg: 121.3+5
Punch, London: 123.4
Pyritz, Eberhard, Verl: 126.2

Rio Doce Intern., Brüssel: 84.1
Runge, Paderborn: 114.1, 115.3
Schacht, Aachen: 112.12
Schneider, Lindau: 9.5
Seitz, Freiburg: 86.5
Stadt Dortmund, Wirtschaftsförderung: 50.1
Stadt Frankfurt am Main: 62.1
Stadtarchiv Mönchengladbach: 42.3
Superbild, München: 68.2
Textilgruppe Hof: 42.2
TransFair e. V., Köln: 106.4
United Nations Populations Fund, New York: 118.1
VDO Schindling AG, Schwalbach am Taunus: 46.2
Visum, Hamburg: 73.5 (Reinartz)
Volkswagen AG, Wolfsburg: 86.2, 151.9 (Stuttgarter Luftbild Elsässer)
Volkswagen Sachsen GmbH, Mosel: 47.3
von der Ruhren, Norbert, Aachen: 95.12
Weber, Stuttgart: 8.2
Wochenschau Nr. 4/5, Juli–Oktober 1992, Ausgabe Sekundarstufe I, Frankfurt/Main.: Ein Welt für alle, S. 137: 101a
WWF Bildarchiv (Papst): 87.7
Zahlenbilder/Erich Schmidt Verlag, Berlin: 12.2
ZEFA, Düsseldorf: 92.6

Kartengrundlagen

Kommunalverband Ruhrgebiet, Essen; aus: Foliothek Ruhrgebiet, Cornelsen Verlag, Berlin: 52.1
Bundesforschungsanstalt für Landesplanung und Raumordnung: BfLR-Mitteilungen 3. Juni 1994: 59.4
Ausschnitt aus der Topographischen Karte 1:25000, Blatt 4425 Ausg. 1991. Vervielfältigt mit Erlaubnis des Herausgebers: Niedersächsisches Landesverwaltungsamt – Landesvermessung B4 – 633/94: 67

Informationen zur Raumentwicklung H. 9, 1993, S. 643: 76.1
Lothar Beckel (Hrsg.): Satellite Remote Sensing Forest Atlas of Europe, Justus Perthes Verlag Gotha 1995, S. 102: 90.1
Gewässergütekarte der Bundesrepublik Deutschland, Ausgabe 1971, Bundesministerium für Ernährung, Landwirtschaft und Forsten, Bonn u. nach: Umweltbundesamt (Hrsg.): Daten zur Umwelt. E. Schmidt 1986: 98.2
nach: The World Bank Atlas: 115.4

Quellennachweis

- 10.2 Außenminister Robert Schuman, Frankreich, am 9. Mai 1950
- 40 Frieder Thomas, Rudolf Vogel: Gute Argumente: Ökologische Landwirtschaft, München: Beck 1993, S. 25
- 54.1 Neue Westfälische vom 5.2.1988
- 54 Der Industriestandort Lauchhammer. Berliner Zeitung 25./26.11.1995
- 58.3 Frankfurter Allgemeine Zeitung vom 21.2.1995, S. 14
- 70.4 Ennen, Edith: Die europäische Stadt des Mittelalters. Sammlung Vandenhoek, Göttingen 1987, S. 15
- 71.5 Gatzweiler, Hans-Peter: Handlungsspielräume für eine Stadt der Zukunft. Nomos, Baden-Baden 1975, S. 35
- 80.4 nach: Heidi Blankenstein: Wasser – unser Blut. In: Die Zeit vom 24.2.1995
- 82.1 Frankfurter Allgemeine Zeitung, 5.9.1988, S. 13
- 101 Claus D. Grupp: Welt im Wandel. Brauchen Entwicklungsländer unsere Hilfe? Köln, 1992, S. 3
- 107 li Frankfurter Allgemeine Zeitung, 8.1.1990, S. 10
- 107 re o Harenberg Kompaktlexikon, Dortmund, S. 1483
- 107 re u Fischer Weltalmanach 1995, (Fischer Taschenbuch Verlag) Frankfurt a. M. 1994, S. 366
- 108.3 Frankfurter Allgemeine Zeitung, 3.1.1995, S. 4
- 111.10 Frankfurter Rundschau
- 113.3 nach D. Gawora und C. Moser: Amazonien – die Zerstörung, die Hoffnung – unsere Verantwortung. Misereor 1993, S. 78
- 114 Statistisches Bundesamt (Hrsg.): Länderbericht Burkina Faso, Wiesbaden 1992, S. 21ff
- 118.2 K. Augustat: Frauen und Bodenerosion. Verlag Breitenbach, Saarbrücken 1994, S. 17
- 122.2 nach: Manfred Wöhlcke: Lateinamerika: Kosten des Fortschritts und Probleme der qualitativen Entwicklung. In: G. Kohlhepp (Hrsg.): Lateinamerika – Umwelt und Gesellschaft zwischen Krise und Hoffnung. Tübinger Geographische Schriften H. 107, Tübingen 1991, S. 64
- 123.3 Frankfurter Allgemeine Zeitung, 19.8.1980, S. 7

Anhang

Klimatabellen

		J	F	M	A	M	J	J	A	S	O	N	D	Jahr
NORDAMERIKA														
Anchorage, 61°N/150°W, 28 m	°C	−11	−7	−4	2	8	12	14	13	9	2	−5	−10	2
USA (Alaska)	mm	19	15	15	10	13	22	39	65	69	47	25	21	360
Charleston, 33°N/80°W, 12 m	°C	10	11	14	18	22	26	27	27	24	19	13	10	18
USA	mm	94	82	61	87	113	97	131	90	97	91	103	104	1150
Chicago, 42°N/88°W, 185 m	°C	−3	−2	2	10	16	22	24	24	19	13	4	−2	11
USA	mm	47	41	70	77	95	103	86	80	69	71	56	48	843
Churchill, 59°N/94°W, 11 m	°C	−29	−27	−19	−8	−1	7	12	11	5	−3	−14	−24	−8
Kanada	mm	15	27	28	26	24	51	45	62	67	32	30	21	428
Edmonton, 54°N/113°W, 658 m	°C	−14	−11	−5	4	11	14	16	15	10	5	−4	−10	3
Kanada	mm	21	18	19	23	43	80	82	60	34	18	18	19	435
Fort Nelson, 59°N/123°W, 114 m	°C	−22	−18	−9	2	10	14	17	15	9	1	−12	−20	−1
Kanada	mm	24	26	26	19	39	66	65	51	34	26	31	28	435
Inuvik, 68°N/133°W, 15 m	°C	−29	−28	−23	−13	−1	9	14	10	3	−7	−20	−27	−10
Kanada	mm	14	11	10	12	9	19	32	33	27	27	19	13	226
Kansas City, 39°N/95°W, 226 m	°C	−1	2	6	13	18	24	27	26	22	15	7	2	13
USA	mm	36	32	63	90	112	116	81	96	83	73	46	39	867
Los Angeles, 34°N/118°W, 103 m	°C	13	14	15	17	18	20	23	23	22	20	17	15	18
USA	mm	78	85	57	30	4	2	0	1	6	10	27	73	373
Mexico City, 19°N/99°W, 2282 m	°C	13	15	17	18	19	18	17	17	17	16	15	14	16
Mexiko	mm	6	10	12	18	52	117	110	95	130	36	17	8	608
Miami, 20°N/80°W, 2 m	°C	19	20	21	23	25	27	28	28	27	25	22	20	24
USA	mm	52	48	58	99	164	187	171	177	241	209	72	42	1520
New Orleans, 30°N/90°W, 16 m	°C	12	14	17	20	24	27	27	27	26	21	16	13	20
USA	mm	108	116	118	135	115	151	159	144	130	82	81	120	1460
New York, 40°N/74°W, 96 m	°C	−1	−1	3	9	16	20	23	23	19	13	7	2	11
USA	mm	91	105	90	83	81	86	106	108	87	88	76	90	1092
Salt Lake City, 41°N/112°W, 1226 m	°C	−2	1	5	10	15	19	25	24	18	12	3	0	11
USA	mm	34	30	40	45	36	25	15	22	13	29	33	32	354
St. Louis, 43°N/85°W, 142 m	°C	0	2	6	13	19	24	26	25	21	15	7	1	13
USA	mm	50	52	78	94	95	109	84	77	70	73	65	50	897
Vancouver, 49°N/123°W, 2 m	°C	3	4	6	9	13	16	18	18	14	10	6	4	10
Kanada	mm	140	120	96	58	49	47	26	35	54	117	138	164	1044
Winnipeg, 50°N/57°W, 254 m	°C	−18	−15	−8	3	11	17	20	19	13	6	−5	−13	3
Kanada	mm	26	21	27	30	50	81	69	70	55	37	29	22	517
MITTEL-/SÜDAMERIKA														
Belém, 1°S/48°W, 10 m	°C	26	25	25	26	26	26	26	26	26	26	26	26	26
Brasilien	mm	193	339	431	453	300	230	59	72	15	12	16	67	2277
Buenos Aires, 35°S/58°W, 25 m	°C	23	23	20	16	13	10	9	11	13	16	19	22	16
Argentinien	mm	78	71	98	122	71	52	54	56	74	85	101	102	962
Habana, 23°N/82°W, 19 m	°C	22	22	23	24	26	27	28	28	27	26	24	23	25
Kuba	mm	76	38	43	43	130	142	109	109	127	178	81	61	1143
La Paz, 16°S/68°W, 3570 m	°C	11	11	11	10	9	7	7	8	9	11	12	11	9
Bolivien	mm	114	107	66	33	13	8	10	13	28	41	48	91	574
Lima, 12°S/77°W, 158 m	°C	23	24	23	21	19	17	16	16	16	17	19	21	19
Peru	mm	0	0	1	1	2	6	9	10	10	5	3	1	48
Manáus, 3°S/60°W, 44 m	°C	26	26	26	26	26	27	27	28	28	27	27	27	27
Brasilien (mittlerer Amazonas)	mm	266	247	269	267	194	100	64	38	60	124	152	216	1997

Anhang

		J	F	M	A	M	J	J	A	S	O	N	D	Jahr
Puerto Santa Cruz, 50°S/69°W, 12 m	°C	14	14	12	9	5	2	2	4	6	10	12	14	9
Argentinien	mm	21	16	20	17	25	18	16	15	12	7	15	18	200
Punta Arenãs, 53°S/71°W, 8 m	°C	12	11	9	7	4	3	2	3	5	7	9	10	7
Chile (Feuerland)	mm	33	29	45	46	50	40	41	38	33	26	32	34	447
Rio de Janeiro, 23°S/43°W, 30 m	°C	25	26	24	24	22	21	20	21	21	22	23	22	23
Brasilien	mm	157	125	134	102	63	56	51	40	63	80	92	130	1093
Santa Fé de Bogotá, 5°N/74°W, 2556 m	°C	13	13	14	14	14	13	13	13	13	13	13	13	13
Kolumbien	mm	51	50	69	100	105	57	47	41	52	144	138	85	939
Santiago, 33°S/71°W, 520 m	°C	20	19	17	14	11	8	8	9	12	14	17	19	14
Chile	mm	2	3	4	14	62	85	76	57	29	15	6	4	361
Valdivia, 40°S/73°W, C9 m	°C	17	16	15	12	10	8	8	8	9	12	13	15	12
Chile	mm	65	69	115	212	377	414	374	301	214	119	122	107	2489

AFRIKA

		J	F	M	A	M	J	J	A	S	O	N	D	Jahr
Addis Abeba, 9°N/39°O, 2450 m	°C	16	16	18	18	18	17	15	15	16	16	15	16	16
Äthiopien	mm	13	38	66	86	86	135	279	300	191	20	15	5	1237
Agades, 17°N/8°W, 520 m	°C	20	23	27	31	33	33	31	30	31	29	24	21	28
Niger	mm	0	0	0	1	6	8	49	78	20	1	0	0	164
Algier, 37°N/3°O, 59 m	°C	12	13	15	16	20	23	26	27	25	21	17	14	18
Algerien	mm	110	83	74	41	46	17	2	4	42	80	128	135	762
Assuan, 24°N/32°O, 111 m	°C	16	17	21	26	31	33	33	33	31	28	23	17	26
Ägypten	mm	0	0	0	0	2	0	0	0	0	1	0	0	3
Dakar, 15°N/17°W, 23 m	°C	21	21	22	22	24	27	28	28	28	28	26	23	25
Senegal	mm	1	1	1	1	1	17	88	254	132	38	2	8	540
Duala, 4°N/9°O, 11 m	°C	27	27	27	27	26	25	24	24	25	25	26	26	26
Kamerun	mm	57	82	216	243	337	486	725	776	638	388	150	52	4150
El Obeid, 13°N/30°O, 568 m	°C	19	22	24	28	30	29	27	26	27	27	24	21	26
Sudan	mm	0	0	0	0	18	38	97	117	76	15	0	0	361
Enugu, 6°N/7°O, 233 m	°C	26	28	29	28	27	26	26	26	26	26	27	26	27
Nigeria	mm	19	15	81	209	195	166	182	190	182	246	53	23	1661
In Salah, 27°N/2°O, 273 m	°C	13	15	20	24	30	34	37	36	33	27	20	14	25
Algerien	mm	3	2	0	0	0	0	0	1	0	4	3	0	13
Kairo, 30°N/31°O, 33 m	°C	12	13	16	20	24	27	27	27	25	22	18	14	21
Ägypten	mm	5	5	5	3	3	0	0	0	3	3	5	28	
Kapstadt, 34°S/18°O, 12 m	°C	22	22	21	18	16	14	13	13	14	17	19	21	17
Rep. Südafrika	mm	18	15	23	48	94	112	91	84	58	41	28	20	627
Kisangani, 1°N/25°O, 460 m	°C	26	26	26	26	26	25	25	25	25	25	25	25	25
Zaire	mm	95	115	152	181	167	115	100	186	174	228	177	114	1804
Nairobi, 1°S/37°O, 1798 m	°C	18	19	19	18	17	16	15	15	17	18	17	17	17
Kenia	mm	88	70	96	155	189	29	17	20	34	64	189	115	1086
Niamey, 14°N/2°O, 223 m	°C	25	27	31	34	33	31	28	27	28	30	28	25	29
Niger	mm	0	0	3	6	38	71	139	201	94	14	1	0	567
Ouagadougou, 12°N/2°W, 316 m	°C	25	28	31	33	31	29	27	26	27	29	28	26	28
Burkina Faso	mm	0	3	8	19	84	118	193	265	153	37	2	0	887
Sinder, 14°N/9°O, 506 m	°C	22	25	29	33	34	32	28	27	29	31	27	24	28
Niger	mm	0	0	0	3	27	55	153	232	71	7	0	0	549
Timbuktu, 19°N/3°W, 299 m	°C	21	23	28	31	34	34	32	30	31	31	27	22	29
Mali	mm	0	0	1	1	4	21	66	78	34	3	0	0	208
Wesso, 2°N/16°W, 340 m	°C	26	26	27	27	27	26	25	25	25	26	26	25	26
Kongo	mm	55	100	171	112	159	135	64	137	203	239	166	81	1622

Anhang

		J	F	M	A	M	J	J	A	S	O	N	D	Jahr
ASIEN														
Ankara, 40°N/33°O, 861 m	°C	0	1	5	11	16	19	23	23	18	14	8	2	12
Türkei	mm	33	30	33	33	48	25	13	10	18	23	30	48	344
Beijing (Peking), 40°N/116°O, 38 m	°C	−4	−2	6	13	21	24	27	25	21	13	4	−2	12
China	mm	4	5	8	17	35	78	243	141	58	16	11	3	619
Bombay, 19°N/73°O, 10 m	°C	24	25	26	29	30	29	28	27	27	28	27	25	27
Indien	mm	2	1	0	3	16	520	709	419	297	88	21	2	2078
Colombo, 7°N/80°O, 7 m	°C	26	26	27	28	28	27	27	27	27	27	26	26	27
Sri Lanka	mm	89	69	147	231	371	224	135	109	160	348	315	147	2345
Er Riad, 25°N/47°O, 591 m	°C	14	16	21	25	30	33	34	33	31	25	21	15	25
Saudi-Arabien	mm	3	20	23	25	10	2	0	2	0	0	2	2	89
Guangzhou, 23°N/113°O, 18 m	°C	14	14	17	22	26	27	29	28	27	24	20	16	22
China	mm	27	65	101	185	256	292	264	249	149	49	51	34	1722
Irkutsk, 52°N/105°O, 459 m	°C	−21	−19	−10	1	8	15	18	15	8	0	−11	−19	−1
Russland	mm	12	8	9	15	29	83	102	99	49	20	17	15	458
Jakarta, 6°S/107°O, 8 m	°C	25	25	26	26	26	26	26	26	26	26	26	26	26
Indonesien	mm	270	241	175	131	139	105	72	65	146	169	183	185	1881
Kalkutta, 23°N/88°O, 10 m	°C	20	23	27	31	31	30	29	29	29	28	24	20	27
Indien	mm	11	12	22	35	82	250	322	288	304	132	16	3	1477
Lhasa, 30°N/91°O, 3227 m	°C	0	1	6	9	13	17	16	16	15	9	4	1	9
China	mm	0	3	8	5	130	160	655	452	183	8	0	0	1604
Manila, 15°N/121°O, 14 m	°C	26	26	27	28	29	28	27	27	27	27	26	26	27
Philippinen	mm	15	15	13	20	196	312	495	610	340	196	180	53	2446
Petropawlowsk, 53°N/159°O, 32 m	°C	−8	−9	−5	−1	4	9	13	14	10	5	−2	−6	2
Russland	mm	111	88	174	107	76	58	73	106	102	143	182	115	1335
Poona, 19°N/74°O, 559 m	°C	21	22	26	29	30	28	25	25	29	25	22	20	25
Indien	mm	2	2	2	15	28	114	168	89	135	89	28	3	675
Sapporo, 43°N/141°O, 17 m	°C	−6	−5	−1	6	11	16	20	22	17	10	4	−3	8
Japan	mm	111	83	67	66	59	67	100	107	145	113	112	104	1134
Shanghai, 31°N/121°O, 7 m	°C	3	4	8	13	19	23	27	27	23	17	12	6	15
China	mm	48	58	84	94	94	180	147	142	130	71	51	36	1135
Taschkent, 41°N/69°O, 479 m	°C	−1	2	8	15	20	25	27	26	20	13	7	2	14
Usbekistan	mm	49	51	81	58	32	12	4	3	3	23	44	57	417
Teheran, 36°N/51°O, 1220 m	°C	2	5	9	16	21	26	30	29	25	18	12	6	17
Iran	mm	46	38	46	36	13	3	3	3	3	8	20	30	246
Tokyo, 36°N/140°O, 6 m	°C	4	4	7	13	17	20	24	26	22	16	11	6	14
Japan	mm	56	66	112	132	152	163	140	163	226	191	104	56	1561
Werchojansk, 68°N/133°O, 99 m	°C	−50	−45	−30	−13	2	12	15	11	2	−14	−37	−47	−16
Russland	mm	4	3	3	4	7	22	27	26	13	8	7	4	128
ANTARKTIS/ARKTIS														
Mac Murdo, 78°S/167°O, 45 m	°C	−3	−9	−18	−23	−23	−25	−27	−29	−23	−20	−10	−4	−16
US-Station (Antarktis)	mm	11	4	6	6	13	5	5	11	12	8	6	7	94
Nord, 82°N/17°W, 25 m	°C	−30	−30	−33	−23	−11	0	4	2	−8	−18	−24	−26	−16
Grönland (Dänemark)	mm	23	20	8	5	3	5	12	19	21	16	35	37	204
Nordpol, 70°N/84°N, 0 m	°C	−30	−36	−35	−25	−10	−1	0	−2	−8	−17	−25	−27	−18
Arktis 176°O/149°W, 0 m	mm	8	7	2	2	3	10	11	2	16	11	8	10	90
Südpol, 90°S, 2800 m,	°C	−29	−40	−54	−59	−57	−57	−59	−59	−59	−51	−39	−28	−49
US-Station	mm	keine Angaben												

Anhang

		J	F	M	A	M	J	J	A	S	O	N	D	Jahr
AUSTRALIEN/OZEANIEN														
Adelaide, 35°S/138°O, 43 m	°C	23	21	22	17	15	13	11	12	14	16	19	21	17
Australien	mm	23	23	21	50	66	61	61	59	49	47	36	27	523
Alice Springs, 24°S/133°O, 579 m	°C	28	27	25	20	15	12	12	14	18	23	25	27	21
Australien	mm	44	34	28	10	15	13	7	8	7	18	29	39	252
Darwin, 13°S/130°O, 30 m	°C	29	28	29	29	27	26	25	26	28	29	30	29	28
Australien	mm	411	314	284	78	8	2	0	1	15	49	110	218	1490
Perth, 32°S/115°O, 60 m	°C	23	24	22	19	16	14	13	13	15	16	19	21	18
Australien	mm	7	12	22	52	125	192	183	135	69	54	23	15	889
Sydney, 34°S/151°O, 42 m	°C	22	22	21	18	15	13	12	13	15	18	19	21	17
Australien	mm	104	125	129	101	115	141	94	83	72	80	77	86	1207
Wellington, 42°S/174°O, 126 m	°C	15	16	15	13	10	9	8	9	10	11	13	15	12
Neuseeland	mm	74	91	79	94	119	122	130	135	97	122	81	107	1250
EUROPA														
Archangelsk, 64°N/40°0, 4 m	°C	–13	–12	–8	–1	6	12	16	13	8	1	–5	–10	–1
Russland	mm	33	28	28	28	39	59	63	57	66	55	44	39	539
Athen, 37°N/23°O, 105 m	°C	9	10	11	15	19	23	27	26	23	19	14	11	17
Griechenland	mm	54	46	33	23	20	14	8	14	18	36	79	64	406
Berlin, 52°N/13°O, 57 m	°C	–1	0	3	8	13	16	18	17	14	8	4	1	8
Deutschland	mm	49	33	37	42	49	58	80	57	48	43	42	49	587
Bordeaux, 44°N/1°W, 47 m	°C	5	6	9	12	15	18	20	19	17	13	8	6	12
Frankreich	mm	90	75	63	48	61	65	56	70	84	83	96	109	900
Brest, 48°N/5°W, 98 m	°C	6	6	8	9	12	14	16	16	15	12	9	7	11
Frankreich	mm	133	96	83	69	68	56	62	80	87	104	138	150	1126
Brocken, 52°N/11°O, 1142 m	°C	–5	–5	–2	1	6	9	11	11	8	4	0	–3	3
Deutschland	mm	158	126	94	105	96	115	143	117	105	122	115	126	1422
Dresden, 51°N/13°O, 246 m	°C	–1	–1	3	8	13	16	18	18	14	9	4	0	9
Deutschland	mm	38	36	37	46	63	68	109	72	48	52	42	37	648
Hamburg, 53°N/10°O, 29 m	°C	0	1	4	8	12	15	17	16	14	9	4	2	9
Deutschland	mm	59	48	49	52	54	66	85	87	61	65	53	61	740
London, 51°N/1°W, 36 m	°C	3	4	6	9	12	16	17	17	14	10	6	4	10
Großbritannien	mm	50	37	38	40	48	52	62	58	55	70	56	48	614
Madrid, 40°N/4°W, 667 m	°C	5	6	9	11	16	20	23	24	19	13	8	5	13
Spanien	mm	25	46	37	35	40	34	7	5	35	46	57	43	410
Moskau, 55°N/37°O, 144 m	°C	–10	–8	–4	4	13	16	19	17	11	4	–2	–7	4
Russland	mm	28	23	31	38	48	51	71	74	56	36	41	38	535
München, 48°N/11°O, 518 m	°C	–2	–1	3	7	12	15	17	16	13	7	3	–1	7
Deutschland	mm	51	38	50	77	93	117	128	102	89	57	47	55	904
Paris, 48°N/2°O, 50 m	°C	2	4	6	10	13	17	18	18	15	10	6	3	10
Frankreich	mm	35	36	39	41	49	56	50	48	49	58	47	44	560
Rom, 42°N/12°O, 46 m	°C	7	8	12	14	18	23	26	26	22	18	13	9	16
Italien	mm	74	87	79	62	57	38	6	23	66	123	121	92	828
Tampere, 61°N/24°O, 84 m	°C	–8	–8	–4	3	9	14	17	16	11	5	0	–4	4
Finnland	mm	38	30	25	35	42	48	76	75	57	57	49	41	573
Wolgograd, 48°N/44°O, 42 m	°C	–10	–9	–3	8	17	21	24	23	16	8	0	–6	7
Russland	mm	23	20	18	19	27	40	33	23	27	23	34	31	318
Zugspitze, 47°N/10°O, 2962 m	°C	–11	–11	–10	–7	–3	0	2	2	0	–4	–7	–10	–5
Deutschland	mm	115	112	136	195	234	317	344	310	242	135	111	139	2390